ALGÉRIE

IMMIGRANTS

ET

INDIGÈNES

> Ne pas peupler l'Algérie
> après l'avoir conquise, tout
> en administrant les Arabes
> avec justice, c'est se pré-
> parer pour l'avenir un grave
> échec.
>
> (*Maréchal* BUGEAUD, *duc d'Isly*)

> Les colonies romaines ne sont pas,
> comme les colonies grecques, des bou-
> tures détachées de la souche mère et qui
> deviennent des plantes nouvelles ; ce sont
> comme ces rameaux qui s'enfoncent en
> terre et y prennent racine sans se déta-
> cher du tronc d'où ils sont sortis. —
> L'arbre devient une forêt.
>
> (H. MARTIN, *Histoire de France.*)

ALGER

EN VENTE CHEZ TOUS LES LIBRAIRES

PARIS

CHEZ CHALLAMEL, ÉDITEUR, RUE DES BOULANGERS, 30

—

1863

IMPRIMERIE BALME ET Cᵉ

ALGÉRIE

IMMIGRANTS

ET

INDIGÈNES

I

Les circonstances sont graves pour l'Algérie française. Le sénatus-consulte qui doit fixer son sort est discuté en ce moment. Puissent ces lignes, écrites avec le sincère désir d'éclairer la question, ne pas être inutiles. Nous ne demandons que justice et protection égale pour toutes les populations de l'Afrique française ; mais nous voulons convaincre la France que sa conquête ne lui restera qu'à la condition de la coloniser ; la colonisation ne sera prospère que si elle a de la sécurité ; elle n'aura la sécurité que si elle est nombreuse et forte, par conséquent.

1863

II

L'Algérie colonie politique.

Après que la conquête de l'Algérie eût été entreprise, quand le succès de nos armes eût assuré la possession du pays; bien avant que la pacification n'en fut achevée, la France, saisie de l'irrésistible instinct qui ne trompe jamais une grande nation, voulut à tout prix y fonder une colonie. « Ce grand pays, qui met son courage dans la guerre, sa merveilleuse intelligence dans les travaux de la paix, son admirable bon sens dans ses directions politiques, » avait vivement senti l'importance de sa conquête.

Sa position géographique. Influence maritime.

Si l'on jette, en effet, les yeux sur la mappemonde, les États du Nord de l'Afrique apparaissent comme un rameau détaché de l'Europe, ce que confirme d'ailleurs leur constitution géologique. Offrant une étendue considérable de littoral et plusieurs rades grandes et sûres (Mers-el-Kebir, Arzew, Alger, Bougie, Tunis), touchant aux passes de la Méditerranée, l'Afrique du Nord, réunie à la France, lui donnait évidemment la prépondérance maritime sur cette mer lumineuse, alors véritable lac français, que le canal de Suez doit rendre de nouveau, comme aux temps anciens, le centre du monde.

Plus rapprochée de l'Orient que ne l'est la France, voisine de l'Espagne et de l'Italie, l'Algérie forme la base solide de ce grand triangle occupé par la race latine, dont la France est le sommet. Placée, comme elle l'est, sur la grande route, et station obligée des navires qui se rendront d'Angleterre et d'Amérique à tous les ports de l'Asie, son avenir commercial n'est pas douteux.

L'Algérie centre des relations de l'Europe avec l'Afrique centrale.

À tous ces avantages elle en réunit un autre qui lui donne une double importance politique. À ses pieds se déroule un immense et mystérieux continent à qui la nature, en barrant, par un singulier caprice, tous ses grands fleuves encombrés de cataractes, semble avoir refusé les artères par où remonta toujours la civilisation. La navigation en est tellement insalubre et dangereuse que tous les efforts de l'Europe pour utiliser ces grandes voies naturelles, ont échoué jusqu'à nos jours. L'Algérie, donnant prochainement la main au Sénégal à travers le désert, se trouve être providentiellement le point de départ et le centre des relations de l'Europe civilisée avec les innombrables peuplades de l'Afrique centrale. Elle possède les routes du désert, vieilles comme le monde, et qu'une heureuse politique, nouvellement inaugurée, va rendre sûres désormais.

Ce grand continent, le seul qui ait échappé à l'étreinte de l'Angleterre et de la Russie qui depuis un siècle se rencontrent en Amérique, vont encore se toucher aux Indes et cherchent à enlacer le monde ; l'Afrique, disons-nous, doit rester la terre ouverte à l'expansion de l'intelligence et à la civilisation de la France, dont le rôle y sera noble, comme toujours, et sans doute fructueux.

L'Algérie, dans les pressentiments du peuple français, devait être la station où se poserait son génie et d'où il pût rayonner en tous sens. Mais pour qu'elle accomplît ses destinées politiques il fallait y importer le flambeau de la civilisation. Son territoire, riche mais dévasté, capable de nourrir vingt millions d'habitants et n'en contenant pas trois, devait, pour assurer la solidité de notre établissement, recevoir une population nombreuse et forte, apportant avec elle la langue, les mœurs, la race, le génie de la France. C'était la patrie qu'il fallait y transporter, c'était une nouvelle France à fonder. Ce n'était pas assez que l'Algérie devînt française, que la paix régnât parmi nos nouveaux sujets ; il fallait prolonger la France par delà la Méditerranée.

L'Algérie doit être une France africaine.

Il fallait imiter la grande colonisatrice de l'antiquité, qui s'assimila si fortement, par le flot de ses colons, toutes les nations qu'elle avait conquises, et rendit Romains tous leurs territoires. « Les colonies romaines, dit Henri Mar tin, dans son *Histoire de France*, ne sont pas, comme les colonies grecques, des boutures détachées de la souche-mère et qui deviennent des plantes nouvelles ; ce sont comme ces rameaux qui s'enfoncent en terre et y prennent racine sans se détacher du tronc d'où ils sont sortis. L'arbre devient une forêt. C'est ainsi que l'arbre du Capitole doit couvrir enfin tout l'ancien monde de son ombre. »

C'est le vœu que nous formons pour la France ; ce sera l'épigraphe de ce travail.

III

Débuts de la colonisation. La nécessité de la colonisation européenne, évidente pour la nation française, fut en quelque sorte imposée par le sentiment populaire au gouvernement, qui ne s'en occupa guère qu'à contre-cœur. La fougue du caractère national se manifesta à ce sujet comme dans tant d'autres circonstances ; les premiers essais de colonisation remontent bien avant l'époque de la pacification définitive des tribus arabes, qui n'eut lieu qu'en 1848.

La Mitidja et d'autres plaines voisines des ports furent presque toutes achetées immédiatement par les Européens aux Arabes. Les résultats des cultures, d'abord infructueux, en l'absence de tout débouché que fermait une impitoyable loi douanière, furent avantageux dès qu'on opéra la révision de cette loi, en 1851. Mais bientôt le territoire disponible pour la colonisation fut presqu'en entier délivré aux colons, et, sur ces immenses espaces, on ne trouvait plus de terres à donner aux immigrants.

En effet, en face d'eux se dressait le peuple arabe que nous avions vaincu, mais que les nécessités de la politique laissaient encore détenteur de toute la surface du pays, où il était disséminé et groupé par tribus. La France avait répudié le droit violent de la conquête, le droit de tout prendre ; elle permettait aux Arabes de jouir de tous les biens dont ils jouissaient antérieurement ; elle leur reconnaissait les propriétés privées que leur attribuait le gouvernement turc, auquel elle succédait dans tous ses droits. (1)

La colonisation arrêtée par le défaut de terre.

Jamais nation victorieuse ne se montra, plus que la nation française, soucieuse des intérêts moraux et matériels de la race vaincue ; nous le disons à son éternel honneur (2). Aujourd'hui, elle poursuit son œuvre de civilisation ; elle veut appliquer aux Arabes les bienfaits de la rédemption, suivant les nobles paroles prononcées par l'Empereur, à Alger, en 1860.

Œuvre ardue et lente, la civilisation des indigènes doit s'effectuer autant par le travail des siècles que par les institutions. Bien des préjugés sont à vaincre qui ne disparaîtront qu'au contact répété des Européens. Mais le plus redoutable ennemi du bonheur des Arabes, c'est leur organisation en tribus ; c'est la jouissance collective du sol, qui n'est qu'une déplorable école de paresse et de misère, qui est un invincible obstacle à la civilisation.

---

(1) Le camp indigène devant le camp français, c'est la situation actuelle. L'élément indigène n'a jamais eu plus de cohésion, n'a jamais été plus redoutable, et jamais la présence de notre armée n'a été plus nécessaire.
(Baron DAVID, *Discours au Corps législatif*, 19 juin 1862.)

(2) La France a fait plus que ne l'y obligeait vis-à-vis des indigènes, la législation indigène.
(LA BEAUME, *Projet de décret sur le Cantonnement*, p. 25.)

IV

Quoi qu'on en ait dit, la société arabe n'est pas une nationalité. Ce n'était, avant notre occupation, qu'une certaine quantité de tribus disséminées çà et là sur le sol, presque toujours en guerre entr'elles, sans cohésion, sans autre lien que la parenté du sang et l'identité de religion. Dès le premier jour, elles nous offrirent les unes leur alliance, les autres leur hostilité, sauf à nous trahir et à se trahir plus tard entr'elles suivant leur caprice ou leurs besoins du moment.

Abd-el-Kader lui-même ne put jamais les réunir, en former un faisceau compacte. De traditions, d'aspirations, d'histoire, de patrie, elles n'en ont pas, elles n'en ont jamais eu. La propriété du sol, elles ne peuvent pas la revendiquer, ne l'ayant jamais possédé, n'en ayant jamais connu que la jouissance, sans limites précises ; soumises qu'elles étaient aux exigences qu'entraînaient la vie pastorale et le caprice du gouvernement.

Sur aucun point du globe la race arabe n'a pu se constituer assez vigoureusement pour être longtemps indépendante. Partout elle a fini par avoir des maîtres, sauf peut-être sur le sol de l'Arabie, où les peuples étrangers n'exercèrent jamais qu'un droit de suzeraineté ; mais où elle ne fut défendue, à vrai dire, que par la stérilité d'une terre qui ne tenta jamais un conquérant. Nulle part, il est vrai, elle ne pouvait se débarrasser de la lèpre de son organisation en tribus. Elle entraînait aussi avec elle le dogme de la fatalité qui la forçait à rester stationnaire. Nous reproduisons ci-dessous, dans son intégralité, une citation

d'un homme profondément versé dans la connaissance de
la société arabe (1), citation que nos adversaires ont, dans

(1) On a souvent répété que le Coran s'oppose radicalement aux progrès de
l'esprit humain et rend nécessairement stationnaires les peuples qui en suivent
la doctrine. Cette assertion est fausse dans un sens, mais elle a quelque
chose de vrai dans un autre. Rien dans ce livre ne s'oppose formellement aux
investigations scientifiques, ni au libre développement de l'intelligence. Il admet
sans doute certaines explications vulgaires de faits physiques, dont les théolo-
giens musulmans peuvent s'armer contre les découvertes de la science. Mais à
cet égard nos livres canoniques n'ont aucun avantage sur lui, et chacun connaît
l'abus qui en fut fait à diverses époques. Ce ne sont là que de faibles obstacles
que la science persévérante surmonte facilement, même sans sortir de l'ortho-
doxie, et que l'on rencontrera dans toutes les religions positives. Quant à la brutale réponse d'Omar qui amena la destruction de la bibliothèque d'Alexandrie,
déjà décimée par un autre fanatique, elle n'est qu'un fait isolé, même en l'ad-
mettant comme authentique, ce qui est fort contestable. Elle s'efface d'ailleurs
devant la création de milliers de bibliothèques fondées par les Arabes au temps
de leur puissance, et surtout devant la publication d'ouvrages d'une philosophie
assez hardie, dus à des écrivains de cette ingénieuse nation.
    Mais le Coran n'est pas seulement un code religieux ; il est encore code civil
et code politique. Or, dans ce mélange intime du spirituel et du temporel peut
résider en effet un principe très réel de *résistance au progrès* des sociétés musulmanes. Car l'idée de progrès implique celle de changement, et le dogme reli-
gieux étant immuable de sa nature, son union avec les choses temporelles tend
évidemment à *immobiliser* celles-ci, et par conséquent à les soustraire au
progrès. Le même livre qui enseigne au musulman à aimer et à craindre Dieu,
qui l'initie aux belles et consolantes vérités de la vie future, le dirige dans les
détails les plus minutieux de l'existence d'ici-bas. Tout étant réglé par le Coran,
jusqu'aux soins de la propreté corporelle, tout peut paraître également respec-
table, également immuable aux âmes ferventes ; car tout se rattache à la religion.
    Cependant quoique les musulmans aient infiniment plus de soumission aux
prescriptions de la loi que les chrétiens n'en ont généralement à celles de la
leur, il ne faudrait pas conclure de ce que nous venons de dire qu'individuellement ils ne s'en écartent jamais. Mais ces transgressions particulières ne sont
que de la licence et ne sauraient constituer un principe de progrès. Qu'on se
garde bien de s'y méprendre : le musulman qui boit du vin et qui viole le Ra-
madan n'est pas plus près de la civilisation qu'un autre. Une nation ne pro-
gresse pas par de petits actes de révolte individuelle contre ses usages et ses
croyances, actes qui sont presque toujours le résultat de passions mauvaises, et
que très souvent le repentir fait tourner un peu plus tard au profit de la su-
perstition. La voie du progrès ne lui est ouverte que quand elle possède la faculté de se donner successivement des lois qui rendent légitime ce qui est devenu désirable, selon les temps et les circonstances ; or, c'est précisément cette
faculté que le Coran enlève à l'homme. Tout étant écrit de la main de Dieu dans
ce livre, qui a la prétention de tout prévoir, tout doit être rendu *stationnaire*
par ce code universel ; car il n'appartient pas à l'homme de modifier ce que
Dieu a établi.
    L'explication de deux faits constatés par l'histoire, découle peut-être de là :
le premier est que la société musulmane, en sortant des sables de l'Arabie, a
promptement atteint son apogée, puis, qu'elle s'est arrêtée, et qu'enfin son in-
action l'a livrée à un courant rétrograde ; le second est que les gouvernements
ne pouvant faire de lois constitutives sans courir le risque de se heurter contre
l'IMMOBILITÉ du Coran, ont opéré, par l'arbitraire et la violence, mais toujours par
actes isolés. De là ce mélange de DESPOTISME et D'ANARCHIE qui a désolé tant
de riches et belles contrées.
        (PELLISSIER DE REYNAUD, *De l'Islamisme dans le Nord de l'Afrique*).

leur brochure, tronquée, dénaturée et fort mal appropriée : la race arabe est vouée à l'immobilité, qui s'explique bien par une aveugle obéissance, une interprétation littérale du Coran qui, prévoyant tout, ne laisse rien au progrès, et ne permet que le despotisme et l'anarchie.

Si la race arabe put s'élever à son apogée en Espagne, elle le dut certainement au relâchement de ses doctrines religieuses. Elle le dut principalement à l'abandon qu'elle fit de son déplorable système de jouissance collective ; le régime de la tribu fut rompu. Les Maures, débarquant en Espagne, trouvèrent la propriété constituée individuellement ; ils s'emparèrent de la plus grande partie et purent se livrer à des travaux d'améliorations matérielles qui devaient porter haut la splendeur de leurs établissements ; mais le perfectionnement moral était impossible avec leur écrasante religion. Celle-ci, s'élevant à un degré suffisant pour des peuplades idolâtres, ne permettait point le progrès. Et quand même l'énergique persévérance du peuple espagnol, aidé de sa foi, ne les eût point chassés du territoire usurpé, l'immobilité seule de la race était une décadence véritable au milieu du progrès qui surgissait de toutes parts. Son rôle était fini ; elle devait fatalement retomber au point où nous la voyons aujourd'hui, au point où nous voyons toutes les populations musulmanes, dans la plus abjecte barbarie (1).

---

(1) Nous empruntons le portrait suivant des tribus algériennes à un ancien chef de bureau arabe :

« Voici ce que c'est que le peuple arabe :

« Trois millions d'âmes, environ, vivant dans la confusion de toutes les abominations imaginables ; une orgie de toutes les immoralités connues, depuis celles de Sodome jusqu'à celles de Mandrin. L'homme pillant, volant son voisin qui le lui rend bien, épousant quatre femmes pour courir après d'autres ; mangeant le faible quand il est fort, tuant par derrière le fort, quand il est faible ; la femme, condamnée à la vertu au cadenas, vendue comme un porc au marché ; s'estimant ce qu'on l'estime, c'est-à-dire rien, se prostituant au premier buisson, avec le premier venu ; le tout s'agitant sans lien, sans régulateur, dans une sarabande effrénée, que rien ne peut contenir ; quelque chose comme les atomes qui s'entrechoquent dans une bouteille d'eau salée violemment agitée, et sur ce tableau, comme pour le couronner, une haine profonde, implacable,

Après l'effroyable dévastation qui suivit son invasion en Afrique (1), la race arabe planta sa tente sur les campagnes fumantes et ne s'occupa guère que de remplir à la lettre l'ordre du Coran, de guerroyer sans cesse. « Le Musulman ne fait pas la paix, il ne consent que des trèves. »

La véritable population indigène, berbère, la population Kabyle, se réfugiait dans les montagnes inaccessibles à la cavalerie ennemie. Là, sous l'impulsion d'une liberté fécondante, d'une constitution purement démocratique, elle transformait ses abruptes montagnes en vergers, les couvrait de cultures. Les villages s'élevaient; la terre manquant, l'industrie se créait, et la Kabylie arrivait, de nos jours, à ne mesurer à ses habitants que 63 ares par tête. La population y était donc deux fois et demie plus dense qu'en France, où elle est en moyenne de 66 habitants par 100 hectares, soit un hectare et demi par tête. Cette âpre liberté entretenait chez les montagnards une farouche indépendance qui fut toujours la sauvegarde de leur patrie et ne céda qu'à l'ascendant et aux armes de la France. Le Coran, il est vrai, avait peu de prise sur ces anciens chrétiens, qui se bornaient à en observer quelques pratiques extérieures.

La population kabyle.

Pendant ce temps, la race arabe vivait en tribus (2). Le

Le régime de la tribu.

---

pour nous, leurs conquérants, haine augmentée sans cesse par l'espérance certaine de nous exterminer un jour avec l'aide de Dieu. Voilà le peuple arabe ; voilà ce pauvre ange déchu qui faillit régner sur la terre.

« Voulez-vous des chiffres qui fixent mieux les idées et éloignent de l'esprit toute occasion de métaphore? En voici quelques-uns :

« Les trois millions d'Arabes commettent par mois, en temps ordinaire, six mille contraventions ou délits; pour les juger, les condamner, il vous faudrait soixante tribunaux sous diverses formes et à divers degrés, un cortége de gens de loi à effrayer les plus intrépides; des prisons de la contenance de soixante mille individus. Trouvez-vous ces détails assez significatifs ? »

(De la civilisation du peuple arabe, par Ch. RICHARD, p. 7).

(1) Il est certain que l'islamisme, se propageant par le fer et le feu, rencontrait quelquefois des résistances désespérées ; lorsque l'extermination des infidèles en masse fatiguait la mort, on les dépouillait de leurs terres en invoquant le droit du sultan.

(Baron DAVID, *Discours au Corps législatif,* 19 juin 1862).

(2) La nationalité arabe n'existe pas ; il y a des tribus, il n'y a pas de peuple; le gouvernement de ces tribus, tel que nous l'avons trouvé, c'est un régime sans nom, dans lequel le despotisme est sans frein, auquel la justice est inconnue

sol, suivant le Corán, appartenait à Dieu, l'homme n'en
avait que l'usufruit; la jouissance du sol était collective,
« absurde régime sous lequel la fertilité d'un champ est
toujours en raison inverse de son étendue. » Chaque année, la terre labourable, assignée par le dey ou le pacha à
la tribu, est partagée entre ses membres, suivant le caprice
ou l'arbitraire des chefs contre lesquels le pauvre n'a
point de recours. Dans l'impossibilité où se trouve le cultivateur de récolter le fruit de son travail, nulle part on ne
voit trace de travaux d'améliorations, pas de défriche-
ments, pas de cultures variées ; d'immenses espaces incultes, déserts, abandonnés au parcours ; le blé, l'orge, al-
ternant indéfiniment avec le pâturage des bestiaux. Voilà
tout. Ce n'est pas de la production, c'est le gaspillage de
la richesse du sol.

Les chefs indigènes. C'est en même temps l'oppression la plus honteuse du
menu peuple par les chefs, l'exploitation de son ignorance
par les marabouts. Voyez comment définit l'aristocratie
indigène, un homme dont le témoignage ne peut être sus-
pect, qui a vécu neuf ans parmi les Arabes, qui connaît
leur langue, leur plus chaud défenseur et le plus ardent
adversaire du projet de cantonnement des tribus, M. le

---

c'est l'arbitraire dominant tous les actes de la vie, c'est l'absence de propriété,
les terres distribuées ou retirées selon le caprice ou l'intérêt des chefs, c'est
l'impôt réparti et levé sans contrôle ; c'est la corvée ; c'est une effroyable décadence de l'intelligence ; c'est la constitution féodale du moyen-âge privée de
tous les adoucissements apportés par le christianisme, accrue de tous les maux
engendrés par une ignorance honteuse ; *c'est le degré de barbarie approchant
le plus de la sauvagerie.*

Mais on va dire : « On civilisera les Arabes tenus à part. » C'est là une seconde impossibilité. Oh ! je sais bien tout ce qu'on a fait de noble, de grand,
d'utile, pour obtenir les améliorations que tout le monde désire ; mais en présence des résultats acquis, je me crois autorisé à penser que les races musulmanes, isolées dans leur dégradation, sans rapports journaliers et intimes avec
les Européens, n'ayant pas incessamment sous les yeux les applications directes des sciences et des arts, privés de capitaux et d'une direction morale,
scientifique, politique, ne pourront jamais se relever de leur propre décadence.
Non ! on ne pourra jamais civiliser l'Algérie en maintenant séparés les éléments
qui s'y rencontrent, qui s'y trouvent en antagonisme forcé.

(*Discours* de M. LESTIBOUDOIS, *Conseiller d'Etat, président du Conseil général de la province de Constantine, session de 1861*).

baron David (1) ; à ses yeux, ce sont presque des coupeurs de route dont il faut se débarrasser de suite.

Quant aux marabouts, M. le baron David les juge sévèrement aussi. L'instruction qu'ils donnent se borne aux premiers éléments de la lecture et de l'écriture, et le seul livre est le Coran, qui n'enseigne que la résignation, le

---

(1) Tant qu'il y aura des chefs indigènes qui s'interposeront entre nous et la masse de la population indigène, l'Algérie ne sera pas définitivement acquise à la France. La suppression des chefs indigènes n'est pas une mesure qui doive nous effrayer et nous faire hésiter. Les chefs indigènes et leurs clientèles ne forment pas en Algérie plus de 4,000 à 5,000 individus. J'ai prononcé le mot de clientèle, permettez-moi de vous dire quels sont les clients des chefs indigènes. Ce sont les cavaliers qui assistent les chefs indigènes pour la rentrée de l'impôt, pour le versement des amendes, pour la levée des contingents, pour la police générale, enfin pour tous les actes du pouvoir exécutif. Figurez-vous la société indigène, en sachant que ces cavaliers sont des malfaiteurs de la pire espèce; que pour faire partie de la clientèle d'un chef indigène, la meilleure recommandation, c'est d'avoir été *un voleur de profession, c'est d'avoir coupé les routes.*

Messieurs, vous ne m'accuserez pas d'exagération, en songeant que les chefs indigènes sont encore pris dans les grandes familles du temps des Turcs. Comment s'alimentait le trésor du Dey? Par la piraterie, les razzias, les spéculations sur les captifs, et la vente des prisonniers. Voilà, Messieurs, qu'elle était la moralité du gouvernement turc à Alger ; et les chefs indigènes s'inspiraient de ces exemples, et quand ils rentraient dans leurs tribus, ils faisaient en petit ce que le gouvernement turc faisait en grand. Ils ont conservé ces habitudes, elles sont invétérées, et malgré les efforts consciencieux des bureaux arabes, nous n'avons pu encore arriver à détruire le mal. Encore une fois, figurez-vous l'état d'une société organisée et menée de cette façon. Nos intérêts comme *nos devoirs* nous indiquent et nous *ordonnent de supprimer les chefs indigènes.*

Mais, Messieurs, je veux vous montrer les chefs indigènes à l'œuvre.

L'impôt arabe entre dans les prévisions de 1803 pour 12 millions de francs, qui, répartis sur 2,700,000 indigènes, donnent une moyenne de 4 fr. 50 c. par individu. Admettons que les indigènes participent pour 2,700,000 fr. aux autres revenus de l'Algérie, cela fait 5 fr. 50 c. en moyenne pour l'apport de chaque individu indigène aux recettes de l'Algérie, tandis que l'apport européen, par individu est, en moyenne, de plus de 30 fr., et en France l'apport est de 48 fr.

Il n'y a qu'à réfléchir un seul instant sur ce chiffre de 5 fr. 50 c. Lorsqu'on est allé en Algérie, on sait que l'indigène est écrasé sous le poids des impôts ; *les exactions des chefs indigènes sont très grandes,* ils gardent par devers eux *la plus grande partie du revenu arabe.* J'aurais beaucoup de choses à dire sur les chefs indigènes ; mais je suis forcé de restreindre le cadre de mon discours.

Dans toutes ces zaouias on enseigne aux indigènes que le pouvoir de la France est un pouvoir passager ; que notre victoire est l'œuvre de Dieu et non l'œuvre de nos armes ; que la patience, la résignation, l'attente, sont des épreuves auxquelles Dieu soumet les indigènes ; mais que le moule-sâa (maître de l'heure) viendra d'un moment à l'autre pour *nous jeter à la mer.*

(*Discours au Corps Législatif*, 19 juin 1862.)

La part prélevée par les chefs indigènes est évaluée à trente-neuf millions de francs. .

(Commandant DE PRÉBOIS. *Langueur de l'Algérie.)*

fanatisme, et recommande surtout de se débarrasser à tout prix des maîtres étrangers.

On ne trouve rien dans l'histoire qui approche de ce degré d'immoralité. Tant de honte doit-elle se perpétuer sur une terre française ?

V

Nous aimons à nous entourer des enseignements de l'histoire, et voici ce que nous trouvons sur l'organisation des peuples anciens en tribus : Ceux que les Grecs et les Latins traitaient de barbares, ne vécurent jamais sous un pareil régime.

Comparaison du régime des tribus gauloises et des tribus arabes.

Longtemps avant que le christianisme n'eût illuminé de ses divines clartés les ténèbres de l'idolâtrie, nos pères avaient trouvé dans la générosité de leurs sentiments, dans le génie de leur race, dans les préceptes d'une religion basée sur les dogmes de l'infini, de la liberté et de l'immortalité, les principes d'une Société bien autrement morale et élevée. Ces grands principes se sont transmis jusqu'à nous, à travers les âges, gardés au fond du cœur du peuple, malgré les invasions, les ravages, la domination étrangère, malgré la puissante action de la législation romaine, malgré la féodalité ; ils se retrouvent dans les coutumes de nos anciennes provinces et sont résumés dans nos codes immortels.

Famille gauloise.

Ainsi la famille, en Gaule, (1) était constituée sous l'au-

---

(1) D'autres coutumes, révélées par le même historien (César), sont absolument incompatibles avec l'esclavage ou l'abaissement de la femme. Ainsi les parents de la fille lui donnent une dot ; le mari est tenu d'y réunir une valeur égale ; le tout est administré en commun ; le mari ne peut aliéner ni le principal ni même les fruits qui en proviennent, et le tout, principal et fruits accumulés, appartient au survivant des deux époux. On *n'achète* donc pas la femme en Gaule,

torité raisonnée du père. La femme gauloise était l'égale du mari ; elle apportait sa dot, elle choisissait librement son époux. Le divorce, mais pour motifs graves seulement, était dans les mœurs.

Que nous offre la société arabe ? La femme, livrée à une véritable traite des blanches, achetée par le mari, écrasée sous de durs travaux, profanée par la polygamie, le divorce trop facile, souvent sans motifs plausibles, une véritable prostitution.

Quant à la propriété en Gaule (1), dans la tribu gauloise, la tendance marquée, irrésistible, est l'appropriation individuelle du sol. Elle est fort avancée lors de la con-

Famille arabe.

Propriété en Gaule.

---

comme dans certaines autres législations antiques ! on se l'associe, et sa libre personnalité se manifeste nettement par la propriété. Ce ne sont pas, certes, des esclaves écrasées sous de durs travaux, ni d'oisifs instruments de plaisir que ces belles et fières créatures, tant admirées des historiens, qui nous les montrent épouses si dévouées, si bonnes éducatrices, égalant en force d'âme leurs maris, auxquels elles préparent des fils dignes d'eux. L'usage de la coupe nuptiale, tel qu'il apparait dans les traditions sur la fondation de Marseille, est le symbole le plus éclatant de la liberté naturelle qui appartient à la jeune fille de choisir son époux, liberté depuis méconnue, foulée aux pieds durant des siècles, dans les sociétés les plus civilisées, par l'autorité paternelle dégénérée en tyrannie.

(Henri Martin, *Histoire de France*, tome 1, page 37.)

(1) La tribu seule était d'abord propriétaire. L'appropriation individuelle du sol a commencé par la maison et la terre qui entoure la maison, l'enclos de la maison, le verger, ce que nos paysans appellent encore aujourd'hui par excellence, *l'héritage*. Avec l'agriculture s'étend l'appropriation et la division ; on cultive par familles, puis par têtes. Le chef de tribus répartit les lots entre les familles, le chef de famille, entre les membres de la famille ; une portion nouvelle est attribuée à la famille pour chaque enfant mâle arrivé à l'âge d'homme. Les lois bardiques galloises de Moëlmud conservent des traces d'une grande tentative faite pour combiner la communauté avec l'agriculture, par un roulement annuel des champs entre les familles ; mais ce régime ne paraît pas avoir subsisté longtemps : l'individualité gauloise l'a renversé. Cependant la Gaule n'arrive à rien de semblable à la propriété individuelle absolue des Etrusques et des Romains ; l'appropriation de la terre cultivée n'est pas irrévocable, et, si la possession se divise par têtes, le fond reste à la famille et le partage se renouvelle dans certains cas. La forêt, la lande, la prairie, le marais, qui forment encore la plus grande partie du territoire, demeurent en communauté dans les mains de la tribu.

La notion d'héritage comme de propriété est tout autre que chez les Romains. La loi, chez les peuples gaulois comme chez les peuples germaniques, règle formellement l'héritage, et le père, au moins dans les conditions ordinaires, ne peut déshériter ses enfants. Le droit de tester, souverain à Rome, est borné, chez les Gaulois, aux objets mobiliers. L'affectation du patrimoine à la famille et le principe d'égalité dans la famille, résument le droit civil des Gaulois.

(H. Martin, *Histoire de France*, tome 1 page 43.)

quête de César et consacrée plus tard par la législation romaine. L'héritage est basé sur l'égalité dans la famille.

Propriété chez les Arabes. Chez les Arabes, la tribu n'est même pas propriétaire ; elle jouit collectivement du sol. Pour les rares propriétés qui sont constituées individuellement (*melk*), le possesseur ne peut en léguer à sa fille qu'une demi-part dans son héritage. Si le père n'a pas d'enfant mâle, l'État intervient dans l'héritage pour une demi-part, et de là une confusion inouïe et souvent inextricable.

Pouvoir électif en Gaule. Chez les Gaulois, nulle part on ne trouve d'aristocratie héréditaire, partout l'élection (1), partout le pouvoir responsable, partout des conseils, des sénats. Nulle part, l'abus ne peut donc exister.

Pouvoir despotique chez les Arabes. Chez les Arabes, une aristocratie souvent héréditaire ou investie par le dominateur étranger. Elle est appuyée sur un ramassis de bandits. Le pauvre est opprimé sans mesure, sans recours possible.

Fatalisme arabe. Liberté gauloise. Le dogme du fatalisme et de la résignation pour ceux-ci. Chez les Gaulois, le sentiment profond de la liberté, dominé par celui de l'honneur et du dévouement, qui devait plus tard engendrer la chevalerie.

Quel enseignement nous fournit l'histoire de ces deux peuples partis, il y a deux mille ans, du même état social, vivant alors tous deux en tribus et mis en contact

---

(1) Bien que, dans la grande variété de populations et de climats des Gaules, il y ait des formes de pouvoir très diverses et qu'on puisse citer des exemples de chefs transmettant leur autorité à leurs fils, c'est là l'exception ; le principe électif, âme du druidisme et naturelle émanation du génie gaulois, qui repousse la fatalité héréditaire comme toute fatalité, prédomine généralement. Jamais surtout l'idée d'un pouvoir irresponsable n'eut pu entrer dans une tête gauloise. Le régime le plus ordinaire des nations gauloises est l'élection annuelle d'un chef civil et d'un chef militaire par le peuple, division du pouvoir très remarquable et qui indique un ordre d'idées tout-à-fait différent de celui des Romains. Quant aux confédérations, elles élisent, en cas d'action commune, un suprême chef de guerre, qui ne commande que tant que dure l'action. Il y a partout des conseils, des sénats, composés des notables des divers cantons, par conséquent quelque chose qui dépasse la cité grecque ou romaine, dans le sens du gouvernement représentatif.

(Henri Martin, *Histoire de France*, tome 1, page 86.)

aujourd'hui par la guerre ! L'un à la tête de la civilisation, l'autre se drapant dans les ténèbres de l'ignorance et de l'islamisme, au dernier échelon de la barbarie ! Non ! ce n'est pas en vain que la Providence a voulu les rapprocher ; non ! ceux qui tentent encore de prolonger une séparation impossible, n'y ont pas réfléchi. Le génie civilisateur de la France l'emportera, c'est notre foi profonde !

Près de nous, la Kabylie nous offre une constitution qui semble analogue à celle qu'eurent jadis les Gaulois. C'est de la démocratie pure, la liberté tempérée par le besoin de l'ordre. Aussi nous estimerions-nous fort heureux si les Arabes étaient parvenus à s'inspirer de leurs institutions. Pour la Kabylie, nous avons encore à désirer aujourd'hui l'instruction largement répandue, l'ouverture de voies de communications nombreuses, le mélange des Européens par la liberté des transactions immobilières, l'établissement de la magistrature française substituée aux cadis indigènes, un seul code, le Code Napoléon.

VI

La mission de la France est donc de relever le peuple arabe de la décadence où il est tombé, et de le préparer à devenir dans la suite un citoyen.

Fatiguée de la guerre, écrasée d'impôts dont bien peu entrent à la vérité dans la caisse du Trésor, la plèbe s'aperçoit que, sous l'influence de ses communications avec la France, son bien-être augmente.

Civilisation des Arabes.

La valeur de ses produits a décuplé depuis la conquête, les ensemencements s'étendent, le goût de l'agriculture revient. L'Arabe pauvre commence à connaître l'utilité de notre domination, son fanatisme cède peu à peu à l'attrait

Ils se mêlent déjà aux Européens.

de l'or. Il accourt même chez nous, dans nos fermes, fuyant ses chefs, cultive une partie de nos terres, se loue comme ouvrier. Le total de ces derniers, employés comme domestiques à gages a déjà dépassé seize mille (1), sans compter nos métayers ou fermiers arabes. Hâtons-nous cependant de dire qu'ils sont presque tous Kabyles. N'est-ce pas là de la meilleure colonisation, de celle qui civilise par le contact ? Mais la masse du peuple ne comprend pas encore les avantages de la dignité de citoyen français (2).

Nécessité de les relever par la propriété individuelle.

Pour le devenir, il a besoin d'acquérir de la dignité personnelle ; il lui faut le sentiment de la responsabilité, qui le rendra apte à user de la liberté. La dignité, la responsabilité, il ne peut les obtenir que par le sentiment de son indépendance, par la dissolution du groupe communiste dont il fait partie, par la propriété individuelle.

N'y eût-il pas les mille excès de l'aristocratie qui condamnent à tout jamais le système de la tribu, que les seuls principes de l'économie politique nous dicteraient ce devoir. Laissons sur ce sujet la parole à un jeune et déjà illustre écrivain (3), qu'une connaissance parfaite de l'Algérie a rendu le défenseur anticipé de la colonisation ; nous ne saurions ni mieux penser, ni aussi bien dire.

La tribu et la propriété collective.

« La difficulté qu'oppose au Gouvernement comme au

_____

(1) 16, 173, à la fin de 1861 (*Statistique officielle*).

(2) Un membre indigène prend la parole :

. . . . « Que pouvons nous exiger de plus ! Avec un passeport français l'in-« digène algérien trouve de l'Orient à l'Occident, protection et assistance. Le « gouvernement a conservé et protégé la justice musulmane, nous l'en remer-« cions au nom de la population toute entière. Notre religion est respectée, pro-« tégée même, nos mosquées sont embellies, restaurées ; les portes nous sont « ouvertes dans l'armée, — dans l'administration civile — et dans la magistra-« ture. Nous *ne demandons pas de droits politiques;* l'indigène musulman qui a « toujours été soumis à un pouvoir absolu, n'en comprend pas l'importance ; « nous *devons suivre et subir la loi du vainqueur,* et je crois être l'interprète « de trois millions d'indigènes, en proclamant hautement que nous n'ambition-« nons pas cet honneur : notre position bien tracée étant de rester dans la classe « *des vaincus, soumis et reconnaissants.* »

(*Conseil général de la province d'Alger,* session de 1800.)

(3) A. DE BROGLIE. (*Une réforme administrative en Afrique*).

peuplement de l'Afrique la constitution de la société arabe, est le grand, le principal nœud de tout le problème. Elle est à la fois politique et économique. Elle est politique : car l'existence des tribus, c'est-à-dire de petites républiques indépendantes faisant corps et tenues ensemble par un lien que nous ne pouvons relâcher à notre gré, est un mécanisme dangereux qui s'interpose entre notre autorité et l'obéissance de nos nouveaux sujets, et qui, s'il garantit aujourd'hui la sécurité, peut la menacer demain. Elle est économique aussi, car le lien véritable de la tribu, c'est la propriété collective, absurde régime sous l'empire duquel la fertilité d'un champ est toujours en raison inverse de son étendue. Enfin, elle est funeste également, et aux Européens et aux Arabes, car en confisquant le sol au profit de possesseurs aussi peu aptes que peu intéressés à l'améliorer, elle en interdit l'accès aux nouveaux venus, à qui elle ne laisse pas de place suffisante, et en même temps elle retire aux anciens habitants de la contrée, tout motif, tout espoir, tout élément de progrès. Elle condamne ainsi toute l'Afrique à une immobilité indéfinie, en arrêtant au passage tous les principes de vie qui pourraient venir du dehors, ou en étouffant dans leur germe tous ceux qu'une révolution morale pourrait produire au dedans. *La tribu arabe est armée comme d'une faulx à double tranchant qui étend la dévastation autour d'elle en la maintenant dans son propre sein.....* »

« Avec le principe communiste qui fait la base de la société arabe, compter sur un progrès quelconque, c'est se bercer d'une chimère, et y travailler, c'est lutter contre l'impossible. La propriété collective, c'est, quoiqu'on fasse, la barbarie en permanence et à perpétuité ; car en interdisant à l'homme tout espoir, elle le décourage de tout travail, et en attachant à la même glèbe l'ouvrier laborieux et le dissipateur fainéant, elle a pour effet inévitable d'en-

La propriété collective, c'est la barbarie en permanence.

2

chaîner fatalement aussi le lendemain à la veille. Il y a là
une école de paresse et d'inertie qui prévaudra indéfiniment sur les exemples les plus édifiants et les instructions
les plus éclairées que l'administration française pourra
donner. Je ne m'oppose par conséquent à aucun des essais
qu'on peut mettre en avant pour faire l'éducation agricole
de la tribu. Mais tous ces divers moyens ne seront jamais
que des remèdes très superficiels, agissant à peine à fleur
de peau sur un mal qui altère la masse du sang et gan-
grène la moëlle des os. Tant que la tribu existera avec sa
communauté brutale, d'une main elle repoussera les étrangers, et de l'autre elle pèsera d'un poids assez lourd sur le
front des indigènes pour y déprimer toute intelligence et y
paralyser toute activité. De quelque côté, par conséquent,
qu'on entame l'entreprise d'arracher l'Afrique à la barbarie, qu'on essaie d'y transporter des colons européens,
ou qu'on se flatte d'enseigner la culture aux enfants de
l'Afrique, qu'on veuille civiliser ses naturels ou y natu-
raliser des hommes déjà civilisés, c'est toujours la constitution de la société arabe qui fait obstacle, et c'est à sa
racine même qu'il faut atteindre. Quelle que voie qu'on
choisisse, qu'on prenne son point de départ en Europe ou
en Afrique, on aboutit toujours au pied du même roc, qu'il
faut emporter par le même assaut.

« Cet assaut, c'est au gouvernement à le diriger. Il peut
prendre son temps, choisir son heure, son point d'attaque,
mais tôt ou tard, et plus tôt que plus tard, il faut qu'il
arrive à désorganiser la tribu et à rendre à la circulation le
territoire qu'elle détient. C'est pour la colonie africaine
une question capitale, *un cas de vie ou de mort.* Car on ne
peut attirer l'émigration européenne sans lui faire une
large place sur ces immensités désolées que la tribu em-
brasse aujourd'hui de sa molle et funeste étreinte, et on
ne peut transformer les Arabes en cultivateurs sérieux, et

par conséquent en sujets utiles, qu'en restreignant leur domaine de manière à le proportionner aux efforts du labeur individuel. Ce sont deux résultats connexes que l'on ne peut obtenir que par la même opération. »

VII

On a dit qu'il était dangereux de décapiter la société indigène, que, par suite de l'ignorance des masses, une pareille mesure provoquerait des soulèvements analogues à ceux qui eurent lieu en France, en Vendée. Nous ne doutons pas que certains chefs indigènes et leur clientèle n'essaient de produire de l'agitation ; mais nous n'avons rien à craindre à ce sujet. L'aristocratie arabe ne règne pas, en général, par le respect des masses. Ce n'est ni l'héroïsme guerrier, comme en France, ni le dévouement soit à la tribu, soit à la patrie, pour laquelle la noblesse française versa toujours si généreusement son sang, qui pourraient attacher la plèbe arabe, à son seigneur féodal. Nous savons ce que dit M. le baron David de leur clientèle, au moyen de laquelle ils rançonnent les masses. Un des officiers les plus distingués de l'armée, un de ceux qui connaissent le plus à fond la société arabe, M. le colonel Wolf, alors chef du bureau politique à Alger, estimait que la mesure de la constitution de la propriété individuelle serait bien vue de l'aristocratie, dont les terres augmenteraient énormément de valeur (1).

Consultons enfin cette longue liste de révocations et de

Destruction de l'aristocratie indigène.

---

(1) Délibération de la Commission chargée [de rédiger le cantonnement, p. 7.

démissions (1) infligées aux chefs arabes, sans compter les amendes pour exactions, concussions, etc., qui témoignent d'un effroyable désordre moral dans la société indigène. Eh bien ! y a-t-il eu, lors de toutes ces révocations, un seul mouvement indigène en leur faveur, même une simple démarche ? Oh ! non, la masse appréciait trop bien le service que lui rendait l'autorité française, dont l'activité bien connue ne suffit cependant pas à empêcher tout le mal de se commettre.

Non contents de leurs exactions, les chefs indigènes trouvent encóre le moyen de se soustraire à l'impôt. Tout

---

(1)   ADMINISTRATION INDIGÈNE.

Ont été révoqués pendant les années 1861 et 1862.

        Agah 1
        Caïds 60
        Cheikhs . . . , ... 67

Parmi les causes motivant ces révocations, nous mentionnerons les suivantes :

— Chef violent et partial qui a jeté la discorde dans sa tribu.

— A caché à l'autorité un meurtre commis dans sa tribu.

— Convaincu d'avoir voulu détourner 17 charrues à son benéfice dans l'établissement des listes d'impôt.

— Compromis dans le pillage et l'incendie de la concession Bosq et Delacroix.

— A falsifié des listes d'impôt au préjudice de l'Etat.

— A entravé l'investigation de la justice dans les recherches d'un assassinat.

— A détourné une somme de 815 francs sur l'impôt de l'achour.

Enfin, nous remarquons que dix révocations ont été motivées par des exactions, prévarications ou concussions.

Il faut ajouter que dans le même espace de temps, 6 caïds et 26 cheikhs ont donné leur démission.

Dans ce nombre nous voyons figurer celle d'un caïd qui a donné sa démission pour passer dans le territoire civil où il exerce aujourd'hui les fonctions de cheikh.

                JUSTICE MUSULMANE.

Quarante-six fonctionnaires indigènes appartenant au personnel de la justice ont été révoqués pendant les deux dernières années, savoir :

        Cadhi 20
        Bach-adel . . . . , . . 15
        Adel . . . . , . . . 12

Le nombre des démissions a été de cinquante et se décompose ainsi :

        Cadhi 17
        Bach-adel . . . . , . . 16
        Adel 17

De tels chiffres sont certes bien éloquents et parlent assez haut pour convaincre les esprits les plus rebelles.

                            (Akhbar, 5 février 1863.)

se réunit donc pour commander l'anéantissement immédiat de l'aristocratie arabe (1).

VIII

Effet de la propriété individuelle sur le sol.

Quant à l'effet que produira la désagrégation ou la dissolution de la tribu sur la face du pays, qui en saurait douter ? Arthur Young, le célèbre agriculteur disait : « Assurez à un homme la possession d'un rocher, il en fera un jardin. » Nous sommes de cet avis, bien que les Arabes aient à vaincre la routine et l'ignorance agricole, que peut seule combattre l'amour de la propriété. Nous avons des exemples autour de nous, dans la Mitidja, de progrès déjà appréciables faits par les Arabes devenus propriétaires individuels. N'avons-nous pas l'exemple de la Kabylie à nos portes ? N'avons-nous pas des exemples de tentatives de véritable colonisation faites par les Arabes en Algérie, sur les territoires où ils se croyaient à l'abri des Turcs ? N'y avait-il pas des champs de roses à Médéah, des orangeries à Blidah, avant notre conquête ?

L'histoire des prodiges que les Maures ont su faire en Espagne, ne nous paraît cependant pas devoir de suite se renouveler sur le sol de l'Algérie divisé, car nous ne pensons pas que la profonde décadence de la race arabe puisse être de sitôt guérie. Mais nous croyons que, malgré le Coran qui, « en niant la liberté et en prostituant la famille,

---

(1) Toutefois un des graves inconvénients de l'impôt arabe nous a depuis longtemps frappé ! C'est de voir le cultivateur, qui arrache à la sueur de son front les produits de la terre, payer à peu près seul *l'achour,* tandis que le grand propriétaire trouve dans sa position privilégiée toutes les facilités possibles pour se soustraire à cette charge.

(Général YUSUF, *Conseil général de la province d'Alger,* 2 octobre 1862).

en détruisant le sentiment de la responsabilité morale et celui de la prévoyance paternelle, paraît avoir enlevé à l'homme les deux ancres par lesquelles, dans son rapide passage, il peut prendre possession de la terre (1), » il y a des moyens d'exciter les Arabes au progrès, lorsqu'ils seront devenus propriétaires individuellement.

Ce sont des hommes autant que nous sensibles au bien-être ; plus que nous, ils subissent la fascination des richesses. Il faut s'attacher seulement à séparer dans le Coran le spirituel du temporel, il faut soumettre la propriété au Code Napoléon. Aucun Arabe ne s'y refusera. Tous préfèrent la justice française à celle des cadis. On les voit encombrer nos prétoires pour les appels des jugements même favorables rendus par ces derniers. N'avons-nous pas, outre l'attrait de la richesse, un autre stimulant, d'un ordre moral, à offrir aux populations arabes émancipées ? Ne saurions-nous les exciter à désirer ardemment le titre de citoyen français, qu'elles ne comprennent pas aujourd'hui, mais auquel on pourrait attacher, en Algérie, des prérogatives ou des immunités ? Imitons encore sur ce point le grand modèle qui nous fit une si longue éducation, imitons l'empire romain (2).

---

(1) A. de Broglie.

(2) . . . .
On ne négligea rien pour dénationaliser la Gaule. Des colonies militaires furent semées çà et là dans l'intérieur, afin d'y introduire les mœurs, la langue, le culte de Rome. Auguste savait le druidisme irréconciliable avec la domination étrangère ; il ne le proscrivit pas, mais il en interdit l'usage à tout « citoyen romain, » tandis qu'il s'efforçait de faire souhaiter aux Gaulois le titre de citoyen comme la plus haute des récompenses.

. . . .
Il entrait dans les vues des Césars de faire désirer aux peuples gaulois cette transformation comme une précieuse faveur, aussi bien que de faire briguer aux particuliers le titre de citoyen romain comme un objet de haute ambition.

(H. MARTIN, *Histoire de France*, tome 1ᵉʳ.)

IX

Etant reconnue la nécessité de constituer la propriété foncière et individuelle chez les indigènes, il faut cependant appliquer sagement cette mesure, sans perdre de vue le double but de la France en Algérie : civiliser les Arabes et coloniser par une population dense et forte qui imprime à la colonie le cachet de la mère-patrie.

Double but de la France.

Il y a un axiôme d'économie politique qui veut que les pays soient cultivés en raison de leur liberté d'abord, de la richesse de leurs habitants ensuite : « Tant vaut l'homme, tant vaut la terre. » C'est un proverbe qui se réalise dans tous les pays civilisés. Une étendue de terrain disproportionnée avec les ressources de celui qui l'exploite, a toujours été pour lui une cause de misère et de ruine. La bonne culture, en augmentant les produits sur une surface donnée, a pour effet d'accroître en proportion le revenu net, car la plupart des frais restent les mêmes. Abandonner aux Arabes tout le territoire sur lequel ils campent aujourd'hui, dont ils ne sont qu'usufruitiers, c'est vouer le pays à la stérilité, leur moyen de mise en valeur n'augmentant pas. C'est, après la suppression des impôts *achour* et *zekkat* (dîme), rendue nécessaire par les exactions des chefs chargés de les percevoir ; c'est, après l'établissement de l'impôt foncier en remplacement, rendre un mauvais service aux Arabes eux-mêmes, incapables de payer l'impôt d'une terre improductive. C'est les vouer à l'usure, c'est les mettre dans la nécessité de vendre tout ce qui excède la surface nécessaire à leurs besoins largement satisfaits. Mais à qui vendront-ils ?

Les Arabes seront forcés de vendre les terres que la faiblesse de leurs ressources ne leur permettront pas de cultiver.

Les Européens ne peuvent pas de suite acheter au milieu du territoire arabe.

C'est ici que se pose le redoutable problème dont la solution doit fixer le sort de la colonie. Malgré le correctif admis par les adversaires du cantonnement, malgré la liberté des transactions immobilières entre indigènes et Européens, il n'en est pas moins vrai que ceux-ci ne pourront point s'établir dans l'intérieur si rien ne change. Quel est le chrétien assez hardi pour engager sa fortune et peut-être sa vie au milieu d'une race qui le hait, à qui le Coran ordonne l'extermination des infidèles, qui tolère le vol entre Arabes, l'encourage vis-à-vis des étrangers ? A

L'Arabe est mauvais voisin.

qui le malheureux aura-t-il recours ? Est-ce à un chef arabe ? Est-il bien sûr que le fonctionnaire français, par une raison ou par une autre, ne préférera pas ses administrés indigènes, plus souples, en apparence du moins, à ses compatriotes, plus indépendants, plus dignes et plus francs ? Le colon pourra-t-il cultiver avant l'ouverture des voies de communation et surtout des chemins de fer destinés à donner de la valeur aux produits qui en ont peu ? Aujourd'hui, en l'absence de routes dans les hautes terres, il est impossible à un Européen d'y produire autre chose que du bétail, peut-être du vin et du jardinage jus-

L'Européen ne peut guère cultiver dans l'intérieur, avant le chemin de fer.

qu'à concurrence de la consommation locale. L'Europe, la France surtout, sont les débouchés naturels des produits de la terre, des céréales, qui doivent être amenées jusqu'au port pour être expédiées à Marseille. Eh bien ! la moitié de leur valeur, il faut le dire bien haut, leur est souvent enlevée par le prix de transport. Ainsi à Sétif, par exemple, le prix du transport du blé jusqu'à Philippeville, varie de 12 à 20 francs les 100 kilos, suivant la saison. L'échec de la Compagnie genevoise n'a pas eu d'autre cause.

Cette situation ne peut être modifiée que par les chemins de fer qui abaisseront des quatre cinquièmes le prix des transports. Aujourd'hui la culture européenne est obligée de se borner aux plaines du littoral. On peut avancer, sans crainte d'être démenti, que, à qualité de sol égale, la prospérité des villages de l'Algérie, le revenu et la valeur du sol sont en raison directe de la proximité, où ils sont des ports d'embarquement.

Mais, dans la situation actuelle, l'Arabe forcé de vendre, n'aura pas d'autre acheteur que le chef indigène, le seul qui soit riche aujourd'hui. La haine sourde de la France portera l'aristocratie à se liguer pour acquérir toutes les terres en vente à des prix plus élevés que l'Européen, qui cherchera toujours un placement raisonnable de ses capitaux, ne saurait en offrir dans les conditions présentes. Pareille chose se passe au Canada, où la population française parvient à éliminer l'élément anglais en achetant toutes les terres en vente dans la circonscription des villages.

Les chefs indigènes accapareront les terres à vendre.

L'intérêt de la population arabe n'est donc pas, nous l'avons démontré, de posséder une plus grande quantité de terres qu'elle ne saurait en mettre en valeur.

Or, le devoir et l'intérêt de la France lui commandent de grouper, au milieu des indigènes, des centres européens, le long des voies stratégiques, d'environner la société arabe d'un réseau de colonisation, pour la percer de part en part, pour lui faire absorber la salutaire influence de la civilisation. Le devoir de la France est de civiliser les indigènes ; son intérêt est d'assurer à tout jamais l'incontestable solidité de notre établissement, d'introduire ici sa race, ses lois, ses mœurs, son génie, qui doivent seuls conduire l'Algérie à ses destinées. C'est l'opinion de tous les gouverneurs et de tous les hommes d'Etat qui ont été à la tête du gouvernement de l'Algérie (1).

Le devoir de la France est de coloniser l'Algérie pour la conserver et pour civiliser les indigènes.

---

(1) Ne pas peupler l'Algérie après l'avoir conquise, tout en administrant les arabes avec justice, c'est se préparer pour l'avenir *un grave échec.*
(Maréchal duc d'Isly.)
Nous arriverons ainsi au but qu'il faut poursuivre *à tout prix,* c'est-à-dire

X

Pour coloniser il faut des terres, c'est un axiôme ou plutôt une naïveté. Des terres, il n'y en a bientôt plus à concéder. Nous ne réclamons et jamais aucun projet de cantonnement n'a réclamé que la réserve pour l'Etat, sur les terrains *arch*, dont les tribus n'ont pas la propriété, des terres que les indigènes sont incapables de mettre en culture. Nous demandons, au contraire, après la reconnaissance des propriétés privées *melk*, le don en toute propriété et individuellement, aux Arabes, des terres qu'ils cultivent aujourd'hui et dont ils n'ont que l'usufruit. Pour couronner l'œuvre et faciliter la fusion, la liberté des transactions.

---

placer, comme *contrepoids*, une population européenne active et *nombreuse*, à côté de la population indigène.

(Maréchal comte RANDON, décembre 1857.)

Dans les argumentations, on est trop radical. On se met trop au point de vue des idées et des coutumes des nations policées. On oublie que les peuples ont des âges comme les individus; que la société arabe est dans l'enfance ; que ses instincts sont guerriers; qu'elle recourt volontiers aux armes; qu'elle supporte avec impatience notre domination; que les lois, pour être justes, doivent être en rapport avec le degré de lumière des hommes auxquels elles s'appliquent. On oublie aussi que nous sommes très réellement des envahisseurs, et que ce n'est pas l'appareil de nos tribunaux qui empêche les Arabes de voir en nous autre chose que des hôtes incommodes, *qu'ils se hâteraient de jeter à la mer*, s'ils n'étaient contenus par une main ferme, investie, vis-à-vis d'eux, de pouvoirs, pour ainsi dire, discrétionnaires. Enfin on ne réfléchit pas assez que ce n'est jamais à l'aide des procédés ordinaires que l'on pose des assises premières d'une société. L'histoire de tous les peuples est là pour l'attester.

Il faut dire encore : *tout nous commande de fixer en Algérie une population européenne nombreuse et forte*, d'abord pour transformer le sol; ensuite pour le conserver. L'effectif de l'armée ne pourra pas toujours être maintenu à son chiffre actuel. Il faut prévoir le jour où il aura diminué et mettre, dès lors nos établissements en état de se défendre eux-mêmes, aussi bien contre des attaques extérieures que contre des soulèvements intérieurs. Pour cela, il n'est pas indifférent que la population européenne soit placée au hasard : il faut qu'elle occupe les points stratégiques, les grandes voies de communication, et qu'elle s'y développe avec sécurité et liberté.

(Maréchal duc de MALAKOFF. *Séance du Conseil supérieur*, 7 octobre 1861).

Le mot de cantonnement est un terme employé dans le Code forestier. Il signifie : échange des droits d'usage en droits de propriété d'une partie d'une forêt ou d'un terrain.

Certes, jamais projet de cantonnement ne fut conçu sur des bases plus larges que celui qui fut mis à l'étude par l'Administration actuelle. Voici son programme : Reconnaissance aux indigènes de toutes les terres cultivées par eux en 1859 et 1860, jachères comprises, plus un hectare pour le pâturage de chaque tête de gros bétail ou son équivalent en petit bétail.

Projet de cantonnement.

La Commission qui a rédigé le projet de cantonnement soumis l'an dernier à la discussion du Conseil d'État, renfermait deux militaires, officiers supérieurs des affaires arabes, sur cinq membres (1). Elle commença par déclarer en principe que le rachat des droits de jouissance des indigènes en territoire *arch* avec *indemnité* consistant en la cession de la *pleine propriété* d'une partie de ce territoire, devait être déclaré d'utilité publique (2).

M. le colonel Wolf, que nous avons déjà eu occasion de citer, définissait ainsi la colonisation (3) :

« La grande entreprise de coloniser l'Algérie, se résume dans l'implantation d'une population européenne, *afin de régénérer le peuple arabe* et de faire concourir les forces vives des deux races à la mise en valeur d'une terre privilégiée dont le peuplement et la fertilisation doivent devenir pour la mère patrie une source de grandeur et de puissance. »

Nous renonçons à mieux définir.

Une nouvelle école philanthropique, rêvant la théorie

---

(1) Composée de MM. de MAISONNEUVE, lieutenant-colonel VOLF, TESTU, lieutenant-colonel GANDIL, LA BEAUME.

(2) Délibération sur le Projet de décret sur le Cantonnement, p. 6.

(3) Délibération sur le Projet de décret sur le Cantonnement, p. 7.

d'une organisation socialiste de la race arabe, par le maintien de la jouissance collective de la tribu, par le désir de préparer les groupes à la civilisation sous la seule impulsion de l'autorité française et de l'instruction ; sans le mobile autrement puissant qui forme la base des sociétés civilisées, la propriété individuelle ; cette école, qui prêche l'exclusion du contact européen, soulève à l'appui de ces étranges théories, qu'il suffit d'énoncer pour en faire justice, la prétention que le fait de la longue jouissance des tribus arabes équivaut à la propriété incommutable du sol.

Le Coran, la jurisprudence musulmane, l'histoire, tous ceux qui ont été à la tête de la colonie, tous ceux qui ont étudié la question à fond sont unanimes pour donner tort à cette théorie (1) qui a réussi cependant à donner le

---

(1) Je crois vous avoir dit plusieurs fois, que ma doctrine politique, vis-à-vis des Arabes, était, non pas de les refouler, mais de les mêler à notre colonisation, non pas de les déposséder de toutes leurs terres pour les porter ailleurs, mais de les resserrer sur le territoire qu'ils possèdent et dont ils jouissent depuis longtemps, lorsque ce territoire est disproportionné avec la population de la tribu.

(Maréchal duc d'Isly, *Circulaire* du 10 avril 1847)

Il ne me paraît pas, sauf des cas exceptionnels qui pourraient donner lieu à des décisions spéciales, que des indigènes établis sur des terres domaniales, sans titre et depuis la conquête, puissent invoquer cette occupation comme un droit à être reconnus définitivement propriétaires du terrain sur lequel on les a tolérés.

(Général Charron. *Circulaire* du 15 juin 1849.)

Nous parvenons tous les jours à substituer, dans nos généreux partages, à une simple jouissance indivise et précaire sur des territoires trop étendus pour leurs besoins, un droit de propriété incommutable qu'aujourd'hui même nous rendons individuel.

(Comte de Chasseloup-Laubat. *Rapport à l'Empereur*, 25 juillet 1860.)

La plupart des discusions qui ont lieu sur le cantonnement des tribus, me paraissent reposer sur des malentendus. On prête aux indigènes des droits et une nationalité auxquels ils n'ont jamais songé. Aujourd'hui même, les tribus sont étrangères aux doctrines qui ont cours sur la propriété du sol affecté à leurs labours et au pacage de leurs troupeaux.

Sous le gouvernement turc, les tribus algériennes étaient à la merci du Dey, qui les plaçait et les déplaçait au gré de sa politique ou d'après les nécessités du commandement et de la police du pays. Des garanties ? il n'y en avait pas plus pour les biens que les personnes : à ce régime, le seul que les tribus puissent invoquer dans le passé, si loin que remonte leur histoire, le gouvernement français veut faire succéder un état de choses stable et régulier : le projet de décret n'a pas d'autre but.

La nationalité des Arabes n'existait pas plus que les droits collectifs de prochange à l'opinion publique en France et à flétrir le mot de cantonnement en lui infligeant l'idée de spoliation et de refoulement.

Le grand argument invoqué par cette école est la loi de 1851 sur la propriété en Algérie. En effet, l'article 11 de cette loi s'exprime ainsi :

Loi de 1851 sur la propriété arabe.

« Art. 11. Sont maintenus tels qu'ils existaient au moment de la conquête, ou tels qu'ils ont été maintehus, réglés ou constitués postérieurement par le gouvernement français, les droits de propriété ou droits de jouissance appartenant à des particuliers, aux tribus et aux fractions de tribus. »

Cet article de la loi est sujet à interprétation. En effet, malgré les révoltes nombreuses qui ont déchiré les capitulations de la Restauration, malgré les traités désastreux faits avec Abd-el-Kader, tous les droits existants au mo-

---

priété, qu'on leur attribue avec les définitions puisées dans des codes et dans des jurisprudences qui n'ont pas été faits pour eux et qu'ils ne connaissent pas.

Chaque tribu formait une agglomération particulière, souvent en guerre avec l'agglomération voisine qu'elle pillait, quand l'occasion s'en présentait. A part les représailles exercées ou des révoltes partielles contre le pouvoir, la vie politique se renfermait dans le cercle de quelques marchés.

(Maréchal Duc de MALAKOFF, *séance du Conseil supérieur*, 7 octobre 1861.

Je me bornerai à rappeler que le peuple arabe, envisagé sous un point de vue général, était nomade dans cette partie de l'Afrique, comme il l'était sur le sol de l'Arabie, comme il l'a été dans la plupart des pays où il s'est arrêté.

Ce qui est évident aussi, c'est qu'il n'avait aucun droit de propriété ou de jouissance sur la terre où, selon sa fantaisie, il a posé sa tente et d'où il pouvait être banni selon le caprice du souverain dont il avait reconnu la domination : j'ajouterai qu'aucune modification n'a été apportée à cette situation, soit par les capitulations, soit par les lois qui, en garantissant tout droit de propriété ou de jouissance, n'ont pu avoir et n'ont eu en vue que des faits exceptionnels et nombreux, d'ailleurs, qui se sont produits en dehors du fait général.

Il ne s'agit pas au surplus, d'expulser des terres sur lesquelles elles campent, les populations qui y vivent, mais de leur donner en pleine et entière propriété celles qui leur sont nécessaires; il s'agit de fortifier par la propriété individuelle la famille arabe et de la relever ainsi sur sa base. Il s'agit d'être fidèle à notre mission et de faire tomber, sur une terre à nous, la féodalité qui, sur tous les points de l'Europe, s'est affaissée au simple contact de nos idées. Il s'agit d'une grande œuvre d'humanité, d'un haut intérêt de sécurité, et non d'une confiscation; le mot n'est plus français, le mot et la chose étaient bannis du code de nos conquêtes longtemps avant d'avoir disparu de nos codes.

(*Discours de* M. de VAULX, *premier président de la Cour impériale d'Alger, Président du Conseil général de la province d'Alger*, session de 1862).

ment de la conquête sont reconnus ; mais depuis cette époque le gouvernement français n'a, dans aucune capitulation, réglé ni constitué de droits de jouissance ou de propriété aux tribus. En accordant l'*aman* (soumission) aux tribus révoltées, il leur a laissé ce qu'elles avaient auparavant. Le membre de phrase de cet article : « *Ou tels qu'ils ont été réglés ou maintenus ou constitués, etc.* » a donc été inséré par le législateur sans signification précise. Reste la reconnaissance du droit de propriété existant avant la conquête. Or nous affirmons que les tribus n'avaient pas même le droit de jouissance sur aucun territoire délimité, puisque les deys les déplaçaient annuellement au gré de leur politique ou de leurs caprices, qu'ils les bannissaient même, sans le moindre motif, sans la moindre indemnité.

La loi de 1851 est donc extrêmement libérale, lorsqu'elle reconnaît aux tribus des droits de jouissance, ce qui indique une délimitation du territoire assigné à une tribu. Ces délimitations n'ont jamais été faites, les tribus se faisaient la guerre pour se piller mutuellement leurs pâturages.

Nous posons en fait que les tribus n'ont jamais joui de l'immense quantité de broussailles du Tell, cinq millions d'hectares, où leurs bestiaux ne pouvaient même pas pâturer, dont aucune parcelle n'a été défrichée. Le bois leur était inutile.

L'article 11 est complété par les suivants :

« Art. 14. Chacun a le droit de jouir et de disposer de sa propriété de la manière la plus absolue, en se conformant à la loi.

« Néanmoins, aucun droit de propriété ou de jouissance portant sur le sol du territoire d'une tribu, ne pourra être aliéné au profit de personnes étrangères à la tribu (1).

---

(1) Les motifs de cette prohibition sont expliqués dans le passage suivant d'un discours du général de Lamoricière, prononcé lors de la discussion de la loi :

« La tribu répond de la sécurité de son territoire ; elle se gouverne elle-même ;

« A l'État seul est réservé la faculté d'acquérir ces droits, dans l'intérêt des services publics ou de la colonisation et de les rendre, en tout ou partie, susceptibles de libre transmission.

‹ Art. 18. L'État ne peut exiger le sacrifice des propriétés ou des droits de jouissance reconnus par les articles 10, 11 et 12 de la loi, que pour cause d'utilité publique légalement constatée, et moyennant le paiement ou la consignation d'une juste et préalable indemnité. ›

Mais ils ont un correctif dans l'article 20, qui reconnaît qu'on devra toujours tenir compte de la plus-value accordée au restant de l'immeuble lors de l'expropriation.

« Art. 20. Il sera toujours tenu compté, dans le règlement des indemnités, de la plus-value résultant de l'exécution des travaux, pour la partie de l'immeuble qui n'aura pas été atteinte par l'expropriation. La plus-value pourra être admise jusqu'à concurrence du montant total de l'indemnité, et dans aucun cas elle ne pourra motiver le paiement d'une soulte par le propriétaire exproprié. »

Bien que cette loi de 1851, si elle n'est pas révisée, doive être le point de départ de la jurisprudence à suivre vis-à-vis des Arabes, nous dirons cependant que la loi musulmane ne reconnaît pas que le droit de jouissance soit une propriété, au contraire, que celui-ci ne dépend que de la volonté du maître. L'usufruit, par sa nature, ne peut pas

Loi musulmane.

---

c'est, comme on vous l'a dit souvent, le gouvernement à forfait. La tribu se gouverne, se régit, garde son territoire et répond de tout ce qui s'y passe ; de plus, elle vous paie l'impôt, moyennant quoi vous lui permettez de suivre sa religion, de suivre ses pratiques et de vivre au milieu de ses institutions communales et locales. Eh bien ! si vous permettez à des étrangers appartenant à des religions différentes de venir s'établir au milieu de cette tribu, de désorganiser cette unité qui a traité avec vous, les conditions de son existence étant rompues, vous êtes obligés de substituer cette centralisation que vous avez si souvent combattue chez vous aux institutions locales dont je viens de parler, c'est-à-dire de vous immiscer dans l'administration de la totalité des tribus du pays. Savez-vous ce qui en résultera ? Des dépenses énormes impossibles à supporter...Il faut jusqu'à ce que les tribus aient été profondément modifiées dans leur existence, dans leur vie sociale, les laisser s'administrer elle-même et ne pas s'introduire, s'immiscer dans leur sein. »

être perpétuel, car sans cela il ne serait pas l'usufruit, il serait la propriété.

Il n'est donc pas, par sa nature, rachetable au même prix que la propriété. « En Orient, dit d'Aguesseau (plai- « doyer du 3 avril 1669), l'héritier d'un bien grevé d'usu· « fruit pouvait le vendre en donnant à l'usufruitier le tiers « du prix. » En France, la même proportion a été adoptée.

Nous dirons encore que si la loi musulmane admet la prescription de dix ans entre étrangers, cet argument se retourne contre les tribus qui, n'utilisant que 4 millions d'hectares, sur 14 ont, par conséquent, abandonné à l'Etat le surplus qu'elles n'ont pas utilisé et qu'il a acquis par prescription depuis longtemps (1).

Nous dirons que la loi musulmane accorde la propriété à celui qui rend la vie à un terrain mort, c'est-à-dire qui le défriche, le cultive ; que le fait de planter un arbre sur un terrain qui ne soit pas cultivé par autrui, donne la pro- priété du sol dans un certain rayon autour de l'arbre à celui qui l'a planté ; que si, par conséquent, l'Etat voulait installer des colons sur les terres vagues des Arabes, la loi musulmane donnerait les terres aux colons qui les auraient mises en valeur.

La terre *arch* comporte si peu un *droit* de jouissance de la part des tribus que, dans la province de Constantine, elles en paient un loyer, sous le nom de *hokor*, indépen- dant des impôts ordinaires, en raison de la surface cultivée ; un fermage ne peut pas être un droit perpétuel, sans quoi

---

(1) Parmi les arguments nouveaux que M. le colonel Gandil vient de produire pour démontrer que l'État n'avait, à quelque titre que ce soit, aucun droit de se ménager des réserves sur les terres *arch*, il y en a un qui conduit à une con- clusion toute opposée à la sienne et qui ne fait que corroborer l'opinion de la Commission. Si, comme il est vrai, la loi musulmane confère à tout individu la faculté de se constituer, par le défrichement, une propriété individuelle dans un communal, elle reconnaît implicitement à l'État le droit de s'emparer de tous les terrains sans usage, pour entreprendre de les rendre à la culture.
(Lieutenant-colonel WOLFF. *Délibérations sur le projet de décret de cantonnement,* p. 22).

il serait la propriété; donc il ne dépend que de l'Etat de le faire cesser, s'il le veut.

XI

Mais enfin, lors même que l'Etat, par la loi de 1851, aurait consenti une abdication de ses droits, il n'en est pas moins facile de prouver qu'il a le droit de faire le cantonnement conformément à la loi.

La cession d'une grande partie du sol à titre de propriété individuelle forme l'indemnité des droits de jouissance dans le cantonnement.

Il doit une juste indemnité des droits de jouissance (qui en France sont estimés au tiers de la propriété). Cette indemnité, elle consiste dans la *propriété libre* des terres qui sont *données* en échange du droit d'usufruit. Ce don n'est point illusoire. La propriété du sol entraîne le droit de vendre ou d'emprunter; or, dans l'état actuel de l'Algérie, en territoire *arch*, l'hectare de terre labourable vaut de 50 à 100 fr. de capital au minimum, et les bonnes prairies valent beaucoup plus; c'est le prix de vente courant des propriétés privées, celui qu'assignerait un jury d'expropriation. Le droit de jouissance, qui se compose du fermage et du bénéfice du cultivateur, peut représenter environ 20 fr. par hectare cultivé. La propriété d'un hectare indemniserait donc largement de la jouissance de 3 à 5 hectares, suivant qualité. Et il ne s'agit pas de donner les mauvaises terres aux Arabes et les bonnes aux colons; on donne, au contraire, les terres cultivables ou déjà cultivées aux Arabes dans l'immense proportion de 20 hectares par charrue, qui permet de ne pas changer leur système de culture actuel, l'assolement biennal, le moins exigeant et le moins productif de tous. Ceci a été admis par toutes les administrations qui se sont occupées du cantonnement.

Les colons, au contraire, ont eu le plus souvent des terres qu'il leur a fallu payer deux fois leur valeur par le défrichement, opération que les Arabes n'ont jamais ni su ni voulu faire.

L'indemnité exigée par la loi de 1851 n'est-elle donc pas suffisamment représentée par le don de la propriété d'une très grande partie du sol ?

Si elle ne paraît pas suffisante, la France n'aurait-elle pas le droit de dire aux Arabes :

Sacrifices actuels de l'Etat pour les Arabes. « Sans même remonter plus haut que la loi de 1851 qui établit le principe du rachat de vos droits de jouissance, j'ai, uniquement pour maintenir votre soumission et la paix entre les tribus turbulentes, dépensé par an 70 millions à entretenir une armée de 66,000 hommes à mes frais. A qui en a été le bénéfice, est-ce à moi, est-ce à vous ?

« Depuis onze ans, et bien avant déjà, j'ai fait des forts pour garder le pays, des routes, des ports, des dessèchements, des barrages, etc., qui ont eu pour effet d'ouvrir des débouchés, d'installer le commerce, de diminuer les frais de transport de vos produits et d'augmenter d'autant vos bénéfices, d'accroître la consommation et du même coup votre production. N'en avez-vous pas profité largement ?

Moyens de les faire cesser. « Eh bien ! ces frais d'occupation, je ne veux plus les faire. S'il n'y avait pas d'indigènes en Algérie, il n'y aurait pas besoin d'un seul soldat ; il n'y faudrait que la garde nationale et quelques brigades de gendarmerie pour maintenir l'ordre parmi les colons. Or, vous, Arabes, n'êtes pas en mesure de me payer les 70 millions que vous me coûtez. Je vais donc remplacer les 66,000 hommes dont vous détournez la destination par les deux moyens suivants de soumission qui sont connexes et doivent être employés simultanément :

« 1° L'un est de vous donner la propriété individuelle qui vous attachera au sol ; toutefois, je me réserve la confiscation pour le cas de rébellion à mon autorité. Vous aurez par mes soins une patrie que vos pères n'ont pas connue et que vous vous attacherez à aimer et à embellir sous ma protection. En même temps, je vous débarrasse des exactions de vos chefs par l'établissement de l'impôt foncier qui, étant fixe pour une certaine durée au même taux, sera une excitation pour vous à accroître la valeur de vos terres, une récompense pour le plus laborieux dont l'augmentation de produit ne sera pas imposée.

« 2° En outre, j'établis un réseau de colonisation européenne, parce que je veux que vous soyez bien convaincus que le peuple français tient à s'établir solidement en Algérie et que toute tentative de révolte y soit impossible. Les Européens vous apporteront les arts et les sciences de leur patrie (1), vous leur louerez votre main-d'œuvre, et, en vous accordant la liberté des transactions immobilières, je prépare la fusion de tous les intérêts qui me sera la seule garantie d'une paix que je veux éternelle.

---

(1) *Extrait d'une circulaire* de M. le comte de Chasseloup-Laubat, ministre de l'Algérie et des Colonies, en date du 4 septembre 1859.

1° Partout où des tribus doivent être cantonnées afin de laisser une place à la population européenne, il est essentiel que la Commission de Cantonnement soit en même temps chargée de reconnaître et de dégager les propriétés domaniales, et de déterminer aussi, en quelque sorte d'avance, les périmètres de colonisation.

Ces deux opérations sont connexes par leur nature comme par leur but, et il importe de ne point les séparer.

2° Autant que les circonstances locales le permettent, les cantonnements indigènes ne seront ni trop dispersés, ni trop compactes ; *trop dispersés* ils rendraient impossible la formation des établissements européens par groupe, ce qui est le premier élément de leur prospérité ; trop compactes, ils laisseraient entre ces établissements de trop grands espaces, et isoleraient d'une manière fâcheuse deux populations qui, en se rapprochant, doivent se prêter un mutuel secours ; secours de main-d'œuvre d'un côté ; secours de capitaux, de science agricole et de civilisation de l'autre.

3° Enfin précisément, parce que loin de refouler la race indigène, nous devons nous efforcer de la faire entrer dans l'orbite même de notre colonisation, il est essentiel de veiller à ce que les étendues affectées aux tribus cantonnées n'excèdent en aucuns cas leurs besoins et soient strictement proportionnées au chiffre de leur population ainsi qu'à l'importance des troupeaux qu'elles entretiennent.

« Si, plus tard, vous réformez vos mœurs, si vous abolissez la polygamie, si vous n'achetez plus vos femmes, sans que je veuille influencer vos croyances religieuses ; si vous élevez vos enfants dans l'amour de la France, en contact avec les enfants des Français, préparant ainsi les amitiés fortes et durables du jeune âge, je vous accorderai à mon tour tous les droits du métropolitain en vous en imposant tous les devoirs. Vous accroîtrez ma puissance au lieu de m'être une charge. En cas de guerre maritime, vous ne serez plus une crainte pour moi, et vous pourrez me rendre service principalement dans mes relations avec les peuples de l'Afrique centrale où l'Islamisme fait des progrès plus rapides, hélas ! que le Christianisme, et à qui vous, musulmans, apprendrez à respecter et à aimer la France.

Conséquences du cantonnement et de la propriété individuelle.

« Nous verrons ensemble l'Algérie s'élever à la splendeur qu'atteignit dans l'antiquité cette colonie avec ses 200 villes, comme toutes les colonies romaines où fut toujours appliqué le principe de la propriété individuelle combiné avec l'introduction d'une civilisation supérieure (1). Je

(1) La physionomie des cités n'avait pas moins changé que celle des hommes qui les habitaient : toutes les magnificences du Midi passaient les Alpes ; aux villes de terre et de bois succédaient des villes de pierre et de marbre ; de toutes parts s'élevaient comme par enchantement ces forum, ces curies, ces basiliques, ces aqueducs, ces temples, ces thermes, ces cirques, ces amphithéâtres, ces arcs de triomphe, dont les débris attestent encore la main puissante du peuple romain, non-seulement au sein de nos cités, mais dans bien des campagnes aujourd'hui solitaires, et jusque dans les vallons les plus retirés de nos montagnes. La Gaule entière se revêtit d'une splendeur monumentale que notre imagination a peine à reconstruire dans ses rêves les plus brillants.

Cet éclat nouveau, dont les cités se décoraient, annonçait une modification capitale dans la société gauloise : la lutte du clan et de la cité était terminée, Rome apportait ses principes en Gaule ; les villes étaient tout désormais, les campagnes rien ; les chefs de tribus se transformaient en sénateurs.

Avec le goût des arts et des lettres qu'elle avait emprunté à la Grèce, Rome enseignait et imposait à la Gaule ce qui lui appartenait en propre, l'ordre, la discipline, le sens pratique, la limite, le poids et la mesure, l'esprit administratif et centralisateur, avec ses grands avantages pour l'organisation extérieure de la société et sa dangereuse propension à substituer le mécanisme à la vie dans le gouvernement des nations. Cet esprit saisit nos pères par leurs tendances à l'action collective, et, durant les cinq siècles de l'éducation romaine, imprima à la nature gauloise, une modification profonde dont nous gardons encore les bénéfices et les inconvénients.

(H. MARTIN. Hist. de France, t. I, p. 203).

veux arriver, comme l'empire romain, à n'avoir que deux légions d'invalides en garnison dans toute l'ancienne province d'Afrique, ou mieux à n'avoir que 1,200 soldats, comme il faisait pour garder la Gaule (1). »

Les tribus arabes se composent, malgré le Coran et l'ignorance, de gens accessibles, comme tous les hommes, aux sentiments d'équité et de justice qui font partout vibrer les cordes les plus intimes du cœur humain. Ils comprennent tous la portée de la mesure, tous demandent le cantonnement, et s'il était possible d'établir parmi eux le suffrage universel, libre de toute pression, il y aurait unanimité, sauf les voix des chefs et de leur clientèle. Ainsi, en 1861, dit le *Moniteur de l'Algérie*, des tribus campées en territoire civil, près de Dellys, faisant des difficultés pour payer l'impôt, M. le commissaire civil de Dellys les menaça de n'être point cantonnées ; l'impôt fut versé intégralement quelques jours après. Nous savons que les tribus qui nous avoisinent offrent de payer les frais de la commission qui doit les cantonner.

Les tribus
demandent le
cantonnement et
la propriété
individuelle.

Voici un exemple qui prouve que les tribus acceptent le cantonnement :

« Lorsqu'on voulut coloniser les environs de Guelma, en 1846, il fallut aussi cantonner une tribu qui se trouvait sur ce territoire. Sur 20,000 hectares qu'elle occupait, on ne lui en laissa que 8,000 ; mais, d'après les ordres du général de Mac-Mahon qui commandait alors la province, cette portion fut partagée entre toutes les familles. Elle suffit à constituer à la plupart des lots d'une

---

(1) Les habitudes agricoles et pacifiques qui s'introduisaient dans les campagnes et le désarmement opéré par Auguste dans la plus grande partie du pays, arrêtèrent les conséquences du mécontentement populaire. Les provinces transalpines arrivèrent peu à peu à un calme si rassurant, que les petits corps de milices régulières entretenus par les cités, depuis le désarmement du peuple, furent jugés suffisants pour le maintien de l'ordre, et que l'on ne conserva pas douze cents soldats romains dans l'intérieur de la Gaule.

(H. MARTIN. *Hist. de France*, t. I, p. 205.)

vingtaine d'hectares. Quelques-uns en reçurent de plus étendus et même ses divers chefs obtinrent des concessions qui dépassaient 100 hectares ; des titres individuels furent donnés à tous. Aussitot que ces indigènes se sentirent propriétaires indépendants, on les vit stimulés par l'intérêt privé, cultiver leur terres beaucoup mieux qu'ils ne l'avaient fait jusqu'alors, défricher les moins bonnes parcelles et même se construire des maisons, sans qu'on leur en eût imposé en aucune façon l'obligation. Tant il est vrai que si ces pauvres indigènes mènent la vie nomade, c'est moins par goût que par le défaut de garantie qu'offrent leurs institutions à la vie sédentaire. » (L. de BAUDICOUR. *Hist. de la Colonisation*, p. 505.)

Ce que le peuple des tribus demande, c'est la propriété *individuelle* qui l'affranchit de la tyrannie des chefs arabes, surtout quand l'État leur mesure si libéralement la terre, leur donne *tout* ce qu'ils peuvent cultiver et faire pâturer aujourd'hui. Ce que les tribus redoutent le plus, c'est le *statu quo*, ou la propriété *collective*, qui est la même chose pour le laboureur. C'est toujours la terre inaliénable, c'est toujours l'arbitraire, la violence et les extorsions du caïd, c'est le travail en commun, c'est-à-dire la misère ; c'est l'Algérie inculte, offrant l'aspect désolé d'un immense terrain communal.

Ce que redoutent les chefs indigènes, c'est la propriété individuelle qui leur ferait perdre leur puissance. Non contents de bénéficier de l'énorme plus-value que la propriété donnera aux immenses terres qu'ils possèdent ou détiennent déjà, ils réclament pour la tribu la totalité des terres dans un but d'accaparement facile à prévoir.

Les chefs indigènes refusent le cantonnement, demandent la propriété collective qui maintient leur puissance.

Ce que demandent les chefs indigènes, c'est la propriété collective qui nécessite le maintien de leur puissance, qui repousse le contact civilisateur de la France, qui leur donne carte blanche sur la gent taillable et corvéable à

merci ; qui permet d'hypothéquer le territoire inaliénable
de la tribu, et puis, maîtres de notre or, entretenant l'ignorance des masses, la haine du chrétien, de proclamer la
guerre sainte au moment où la France peut être engagée
dans les éventualités d'une guerre maritime ou européenne ; et cela, sans même avoir à craindre la confiscation du territoire de la tribu, devenu désormais inaliénable.

Si la France a abdiqué généreusement le droit de conquête dont elle-même a tant souffert autrefois, et sous les
Romains qui la parsemèrent de colonies ; et sous les Visi-
gots, les Burgondes (1), qui s'emparèrent des deux tiers
des terres et du tiers des esclaves ; et sous les Francs qui
prirent tout ce qu'ils purent ; elle qui n'était que malheureuse cependant, ayant épuisé son sang à la défense du
monde romain et de la civilisation : si elle a abdiqué ce
droit, qui lui fut si dur pendant la guerre de cent ans et
qu'elle subit encore en 1815, en faveur des pirates et des
féroces égorgeurs de nos blessés de la Macta et des prisonniers d'Abd-el-Kader, c'est dans l'espoir réalisable, nous
le désirons, que sa mansuétude tournerait à leur perfectionnement moral, à leur conversion à la grande idée
d'humanité. Elle n'entend pas cependant que le sang de
cinq cent mille de ses enfants ait été versé inutilement,
que sa conquête lui échappe pour retourner à la barbarie
consacrée par nos lois.

---

(1) Les Burgondes ne prirent donc pas toute espèce de terre, mais n'en-
vahirent que les grandes propriétés. Le territoire ne fut pas pris en masse et
divisé entre tous les Burgondes, mais on assigna à chaque Burgonde un héritage que le Romain propriétaire dut partager avec lui. Le Romain, par rapport au Burgonde est appelé *hospes* (hôte) et réciproquement. La propriété
que le partage donnait au Burgonde s'appelait *sors* (sort, lot) et son droit
hospitalitas. Les Burgondes eurent la moitié des forêts et des cours et jardins,
les deux tiers des terres labourées et le tiers des esclaves (*Lex Burg.*, l. 54,
Savigny, t. I, c. 3). Les choses s'étaient passées de la même manière dans le
pays occupé par les Wisigoths.

. . . .
Les Francs vainqueurs prirent ce qui leur plut : beaucoup de riches Gallo-
Romains furent entièrement dépouillés ; d'autres conservèrent leurs terres et
leurs maisons en gagnant par leurs services la faveur des Konings victorieux·
(H. MARTIN. *Hist. de France*, t. I, p. 381.)

Elle ne peut la garder qu'en implantant parmi les barbares sés nobles et vaillants enfants. Pour cela donc il lui faut des terres. Or il est avéré que les Arabes en ont plus que leurs moyens ne leur permettent d'en cultiver (1).

Prenons les chiffres de nos contradicteurs, ceux de M. le baron David :

Laissons le Sahara avec ses trente-deux millions d'hectares et ses cinq cent mille Arabes. Il n'y a rien à changer pour le moment.

Les Arabes n'utilisent que quatre millions d'hectares.

Le Tell renferme quatorze millions d'hectares, dont deux millions seulement cultivés, quatre millions deux cent mille en pâturages, cinq millions en broussailles, un

---

(1) *Extrait d'une circulaire* de M. le Maréchal RANDON, Gouverneur-Général de l'Algérie, en date du 20 mai 1858.

Les instructions que j'ai données à différentes reprises, et notamment par ma circulaire du 19 juin 1856, en vue d'étudier les bases du cantonnement des tribus, sont restées sans aucune suite et n'ont amené jusqu'ici que des résultats à peu près insignifiants.

Cette question du cantonnement des indigènes a pourtant une importance immense, et l'on peut dire qu'elle domine l'œuvre entière de la colonisation. Elle doit avoir, en effet, pour résultat principal de nous fournir des ressources territoriales suffisantes pour que la colonisation européenne puisse progresser rationnellement et équitablement ; elle aura de plus ce grand avantage, en posant des limites à l'expansion de l'élément colonial, de calmer les justes appréhensions qui agitent trop souvent les populations indigènes.

Je désire donc que cette question du cantonnement, qui est pour tous d'une si impérieuse nécessité, sorte enfin de la spéculation pour entrer dans l'ordre des faits.

Observations présentées par M. le Maréchal, duc de MALAKOFF au *Conseil supérieur du Gouvernement*, le 7 octobre 1861.

Au lieu de s'appesantir et de discuter sur des nuances de forme, il faut dire : — L'Algérie renferme près de vingt millions d'hectares. Elle n'a que trois millions d'habitants. La propriété y est généralement sans valeur, frappée d'immobilité, de main-morte. D'immenses parties du territoire sont incultes, couvertes de bois et de broussailles, composées de terres vagues qui, à toutes les époques et dans toutes les législations, ont été considérées comme vacantes et sans maîtres. La population souffre de cette situation digne des temps barbares qui lui ont donné naissance, et dont elle perpétue la durée : nous lui devons un meilleur sort.

Et comme il peut y avoir place pour tout le monde, sans sacrifier absolument aucun intérêt à un autre ; il faut, de toutes les exigences qui se produisent, faire une cote mal taillée ; donner, en père de famille, la terre à celui qui est à même d'en tirer parti ; en assurer la propriété incontestable à celui qui a déjà su la mettre en valeur ; à défaut, offrir de justes compensations ; faire entrevoir à chacun les moyens d'améliorer sa situation, en se défiant, toutefois, des velléités cupides qui s'agitent autour de l'administration. Enfin, il importe d'atteindre ces résultats par les moyens les plus simples, les plus expéditifs et les plus économiques ; ceux-là seront toujours les plus justes.

million huit cent mille en forêts, le reste en marais, roches, sables, rivières, etc.

Voilà un peuple de deux millions d'âmes incapable de cultiver plus d'un hectare par tête (1) ! Ses bestiaux sont au nombre de un million de têtes de gros bétail, six millions de moutons pouvant vivre sur deux millions d'hectares de pâturages. Sans parler des deux milions d'hectares de pâturages restant, que font-ils donc des cinq millions d'hectares de broussailles cachant, pour les trois quarts, d'excellente terre ? Que ne les donne-t-on pour le moins à la colonisation européenne ? Elle n'en a jamais eu de meilleures en concession.

Ainsi donc, donner toute la terre aux Arabes leur est inutile à eux-mêmes. Pour la France c'est un danger. Donner la propriété collective de tout le sol aux tribus, c'est donner de la cohésion à un peuple qui n'en avait pas, c'est fortifier une aristocratie odieuse qui nous méprise

La propriété collective est un danger pour la France, une ruine pour l'Algérie.

---

(1) *Extrait d'un rapport soumis à l'Empereur par M. le Maréchal* VAILLANT, *ministre de la guerre, le 30 avril 1857.*

Je suis conduit à reconnaître que, malgré les efforts des bureaux arabes, l'indigène n'a fait aucun progrès en matière de procédés agricoles. Il cultive encore aujourd'hui comme il cultivait avant la conquête ; il a étendu ses espaces d'ensemencements, il n'a point amélioré ses terres. Faute des instruments nécessaires pour labourer profondément, ses récoltes souffrent lorsqu'arrivent les temps de sécheresse et donnent un rendement de beaucoup inférieur à celui qui est obtenu par les colons européens.

Le cantonnement a pour objet de fixer d'une manière définitive les surfaces du sol qui sont indispensables aux Arabes pour y vivre, en tenant compte de leurs moyens actuels de culture et de leurs habitudes agricoles.

Il est hors de doute que, dans le temps présent, les Arabes occupent une étendue de pays beaucoup supérieure à leurs besoins. La preuve résulte des chiffres suivants.

Dans le Tell de la province d'Alger, qui comprend 4,320,000 hectares environ, les derniers recensements indiquent, pour une population de 550,000 habitants (la Kabylie non comprise), une étendue de 565,000 hectares cultivés, soit un peu plus de 1 hectare par habitant.

Dans le Tell de la province de Constantine, sur une étendue de 7,300,000 hectares, et pour une population d'environ 800,000 habitants, il n'y a eu, en 1856, que 806,700 hectares cultivés par les Arabes ; c'est encore à peu près 1 hectare par habitant. En tenant compte et des procédés imparfaits de culture et des terres nécessaires au parcours de leurs nombreux troupeaux, il est aisé de voir que, sans nuire aux Arabes, la colonisation européenne peut trouver à côté d'eux les espaces qui lui font défaut.

et nous hait, qui prend notre générosité pour de la faiblesse. C'est se condamner à une occupation indéfinie du sol par une armée formidable ; c'est, le jour où l'effectif devra être diminué, le jour où la France aurait une guerre malheureuse, exposer la colonie à un désastre que nous n'osons pas prévoir. Dans l'ile de Java, tant que le Gouvernement laissa le pouvoir aux chefs musulmans, un soulèvement, qui dura cinq ans, l'en récompensa et coûta des flots de sang et des monceaux d'or à la Hollande. La paix ne se rétablit que lorsque le pouvoir fut remis à des résidents Hollandais. La situation actuelle ne peut pas durer.

La sauvegarde de l'Algérie, c'est la propriété individuelle et la colonisation.

Le remède est dans la propriété INDIVIDUELLE. Il est là, il n'est que là ! Les tribus arabes sont *mûres*, parfaitement mûres pour la propriété individuelle. Elles la demandent à grands cris ; elles repoussent la propriété collective comme n'étant pas un progrès. Mais, nous le savons, le don de toute la terre à titre individuel aboutit à l'accaparement par les chefs de la partie du sol qui excède les ressources des indigènes. La plus sage mesure est donc le cantonnement qui a toujours voulu dire : constitution de la propriété individuelle arabe sur les plus larges bases, réserve de l'excédant des terres pour la colonisation et liberté des transactions.

L'intérêt de la France lui commanderait plutôt d'empêcher pendant vingt ans les Arabes d'acheter les terres des Français. C'est le contraire qui a lieu.

XII

Les réserves des terres doivent être faites sur les voies stratégiques, qui sont aussi le tracé du chemin de fer.

Le cantonnement doit être fait sagement en temps opportun. La réserve doit porter sur les lignes stratégiques, les terres doivent être groupées pour recevoir des centres

populeux. Ces centres ne pourront se composer d'éléments
européens qu'à la condition de se trouver sur le chemin
de fer. Or, par une heureuse coïncidence, le tracé des
voies ferrées est aussi celui des lignes stratégiques. D'Alger à Amoura et Oran par la vallée du Chélif; d'Amoura
à Aumale, Sétif, Constantine, Philippeville, avec em-
branchements sur tous les autres ports de mer et les
principales villes de l'intérieur en dehors du parcours.
C'est la ligne des hauts plateaux, des climats sains, c'est
là que se trouvent les ruines des cités romaines. C'est
aussi le réseau qui enserre les Arabes, les pénètre et les
morcelle.

Le cantonnement et le chemin de fer étant le corollaire
l'un de l'autre, commencer par le chemin de fer, cantonner à mesure de son exécution. Constituer la commune
arabe sur le territoire dévolu aux tribus (1), autant que

---

(1) De l'ensemble des observations, nous avons pu conclure que le pays ne peut
réellement prospérer que par le contact régulier et le frottement réciproque de
l'élément européen et de l'élément indigène.

Ce contact, ce frottement, ces relations suivies et naturelles, ce rapprochement,
cette fusion d'intérêts auxquels nous devons tendre, nous ne pouvons plus sû-
rement les obtenir que par la liberté la plus complète de relations de commerce,
déjà obtenue d'ailleurs, et qui doit être complétée par la liberté des transaction
immobilières, que par le libre essor à donner à l'initiative privée, malgré les
dangers aujourd'hui peu graves que peut présenter la spéculation avide et
déshonnête.

Je ne fais aucun effort pour reconnaître la modification radicale qu'ont subi
mes idées, parce que si j'ai défendu naguère une doctrine contraire, et je le re-
grette, c'était avec la conviction que je servais les intérêts du pays. Ces mêmes
intérêts me dictent aujourd'hui la manifestation de l'opinion également sincère, mais tout opposée, qui tend à faciliter l'introduction des Européens au milieu des tribus arabes pour y vivre mêlés aux populations indigènes.

Accordons largement à ces populations les bienfaits de l'instruction publique.
Organisons les tribus en communes s'administrant elles-mêmes ; supprimons la
barrière qui interdit aux Européens l'accès de la propriété dans les tribus. Que
l'Européen qui va s'installer parmi ces populations soit soumis aux mêmes charges qu'elles et ne revendique aucune immunité ni aucun privilège, et alors la
fusion s'opérera graduellement.

Je ne doute même pas, connaissant le caractère arabe, que les indigènes choi-
sissent spontanément *un honnête colon* établi parmi eux pour *être le Maire* de
leur commune, reconnaissant son aptitude plus spéciale pour assurer le fonc-
tionnement régulier d'institutions avec lesquelles ils ne peuvent encore être fa-
miliarisés et les avantages spéciaux qu'il offre au point de vue de l'impartialité,
étranger qu'il sera à toute coterie dans la tribu, alors qu'aucun indigène n'é-
chappe à cet inconvénient.

(Général YUSUF. *Conseil général de la province d'Alger*, 3 octobre 1862.)

possible avec un maire français. Vendre les terres des villages aux Européens seuls, les Arabes exclus, avec condition de bâtir. Liberté des transactions immobilières. L'industrie privée pourra acheter des fermes dans les intervalles des territoires des villages. Fusion des intérêts.

L'Etat a intérêt à faire le chemin de fer. Qui fera le chemin de fer ? La compagnie actuelle a prouvé son impuissance. La garantie de 5 pour 100 de revenu est insuffisante, puisqu'il faut reconstituer le capital pendant le laps de temps de 75 ans.

Si l'État ne trouve pas de grande compagnie qui se charge de l'exécution à des conditions raisonnables, nous répondons : C'est lui qui doit le faire, parce qu'il y est le premier intéressé. Il peut, au besoin, recourir à l'emprunt pour le construire, sauf à concéder l'exploitation à une compagnie, s'il craint de s'en charger. Aujourd'hui, l'impôt arabe (la dîme) est payé en argent d'après les prix fixés pour les grains par les mercuriales. Le chemin de fer augmentant sur place la valeur des grains de toute l'économie qu'il procure sur les transports, l'impôt augmente d'autant. Si l'impôt foncier est établi, le revenu net de la terre triplant dans l'intérieur, on peut en bonne justice tripler l'impôt.

L'Etat possède près de 2 millions d'hectares de forêts, trop tôt concédées, que le chemin de fer devrait longer et auxquelles il peut seul, en l'absence de cours d'eau flottables, donner de la valeur. L'exploitation ou la concession en seront d'autant plus avantageuses à l'Etat ou aux particuliers.

De même pour les mines, carrières, etc.

Le chemin de fer, préparant la colonisation, tous les impôts indirects, enregistrement, douane, etc., etc., naissent et croissent rapidement.

Les terrains domaniaux doublent au moins, triplent, décuplent parfois de valeur.

Le chemin de fer diminue les frais de transport du matériel de l'Etat, permet de réduire l'effectif des troupes. Le taux de la main-d'œuvre européenne baisse par la facilité des communications et le bon marché du transport des produits venant d'Europe; d'où les frais des travaux faits par l'Etat sont moindres, etc.

L'exploitation du chemin de fer ne fît-elle que payer ses frais, ce qui est certain, en l'absence de routes et par conséquent de roulage pour lui faire concurrence et faire baisser les tarifs, l'Etat retrouverait l'intérêt de son capital dans les augmentations de recettes et les économies que nous venons de signaler.

Voilà le vrai, l'unique moyen de conquérir une seconde fois l'Algérie, *aratro*, suivant la devise du célèbre maréchal duc d'Isly. Voilà dans quelles conditions doit se développer rapidement la colonisation, en y ajoutant un réseau de chemins vicinaux autour des gares et quelques routes départementales.

XIII

On a dit, avec des intentions perfides, que les Français ne voulaient pas émigrer; cela tient à diverses causes dont la première est le défaut de terres et la trop grande quantité de formalités à remplir. Il y a en ce moment près de dix mille demandes de concession qui n'ont pas pu recevoir de solution, faute de terres. Ils viendront certainement quand ils apprendront qu'on fait de bonnes affaires en se livrant à la culture en Afrique et qu'on y obtient facilement des terres. Faisons en outre une loi facile de naturalisation pour les étrangers. Nous avons ici déjà des

Immigration française.

Espagnols en grand nombre. De tous les peuples de l'Europe, les Espagnols sont les plus rapprochés de nous d'origine, de caractère, de mœurs, de religion, de langue. Ne sont-ils pas les anciens Celt-Ibères, les frères par le sang de nos populations du midi de la France ? Leur pays ne faisait-il pas jadis partie des Gaules ? Ils ont des qualités fort appréciables ; un génie colonisateur incontestable (Amérique du Sud, Antilles, Océanie, Mexique).

Ils s'assimilent promptement à nous. Dans nos villages algériens, la seconde génération est déjà beaucoup plus française qu'espagnole de mœurs et de langage.

La calomnie s'est exercée récemment, dans une brochure trop célèbre, contre nos colons qu'on a représntés comme incapables de mettre le sol en valeur, bons seulement à exploiter ces pauvres Arabes et à prier l'administration de faire leur fortune. Ce n'est point par des raisonnements qu'on répond à de pareilles accusations.

C'est à travers les terribles épisodes d'une guerre qui a duré plus de vingt ans, les incertitudes d'une politique étroite, des changements incessants dans l'administration locale, dans les systèmes suivis que nous allons chercher le rôle qu'a joué l'immigration européenne dans la colonisation et la civilisation du pays. Nous nous attacherons à donner des faits, des dates et des chiffres, qui, mieux que tous les raisonnements, laveront les colons des odieuses attaques dont ils sont victimes. En voyant ce qu'ils on déjà fait, chacun jugera de ce qu'ils auraient pu faire avec moins d'entraves. Personne, nous l'espérons, ne mettra dorénavant plus en doute la puissance colonisatrice de notre race. Nos renseignements sont puisés dans des documents officiels pour la plupart (1).

L'histoire de la colonisation peut se partager en cinq

---

(1) Tableaux de la situation des établissements français dans le nord de l'Afrique 1831 à 1862, publiés par ordre du gouvernement.

périodes. La première va de 1830 à 1840; la seconde, sous l'administration du maréchal Bugeaud, s'arrête en 1847; la troisième s'étend de 1847 à 1852; la quatrième finit en 1858, et la dernière arrive jusqu'à nos jours.

XIV

Première période : neuf gouverneurs généraux en dix ans !

1830 à 1840.
Neuf gouverneurs.

Le maréchal de Bourmont, général Clauzel, général Berthezène, duc de Rovigo, général Avizard, général Voirol, général comte d'Erlon, maréchal Clauzel, maréchal Valée.

Cette période fut celle des oscillations de la guerre incessante, sans plan d'ensemble résolument adopté et poursuivi : les colons sous le coup de dangers perpétuels; les chambres effrayées, hésitantes, posent à chaque instant la question de la conservation de l'Algérie. Le point d'honneur et l'opinion publique forcent la main aux assemblées.

Ces oscillations n'étaient pas de nature à encourager les entreprises et, du reste, toutes furent ruinées plus tard par l'insurrection de 1840.

L'administration créée au lendemain de la victoire eut, malgré sa courte durée, les plus fâcheuses conséquences.

Incapacité
de l'administration
en 1830.

L'indépendance des tribus fut son œuvre; elle répudia les milices turques qui les tenaient en obéissance; celles-ci se mirent à guerroyer et à piller. Les tribus, abusant d'une liberté ignorée, en firent autant, et bientôt l'autorité de la France ne s'étendit pas à plus d'une lieue d'Alger. Au dedans, les fonctionnaires publics indigènes abandonnaient leurs charges, confiant au hasard les pièces administratives. Il ne fut fait aucune reprise de biens domaniaux tant meubles qu'immeubles. C'était le cahos dans cette branche de l'administration qui fut longtemps sans titres ni registres.

Administration du général Clauzel. Le général Clauzel trouva une situation déplorable, l'anarchie partout, les tribus essayant de régulariser la résistance, de se constituer sous une autorité prépondérante. Autour d'Alger, les fermes et les jardins de luxe pillés, démolis ; les biens domaniaux envahis, dévastés ; partout la violence, l'exaction, le désordre. Il ne songea point à ramener sur tous les points à la fois la soumission et la pacification du pays. Il s'occupa d'abord d'organiser les divers services administratifs ; la justice, les douanes, le commerce, le domaine, l'agriculture attirèrent tour à tour son attention. Le 30 novembre 1830, un arrêté interdisait l'aliénation des biens du domaine et n'en permettait la location que pour trois années.

Premiers essais de colonisation. Au moment du départ du général Clauzel, notre domination s'étendait à trois ou quatre lieues d'Alger. La population européenne comptait 3,000 individus. D'intrépides et imprudents colons cultivaient dans la plaine, à une lieue plus loin que nos avant-postes. En 1831, la guerre détruit ces premiers essais de colonisation. La population exerce son activité sur le brocantage des terres qui n'a que des inconvénients. Les Arabes vendaient leurs propriétés avec l'espoir que les acquéreurs ne pourraient jamais les occuper ; chaque vendeur désillusionné devient notre ennemi. Le gouvernement crée, le 21 juin, un droit d'enregistrement pour affirmer les transactions, met en vigueur la loi forestière de France pour empêcher la dévastation des environs d'Alger. Le 1er décembre, on sépare l'autorité civile de l'autorité militaire, mesure prématurée qui détruit l'impulsion, la direction politique. Le duc de

Rovigo fut chargé d'appliquer ce nouveau système. Il commence les routes et crée les deux premiers villages, Kouba et Dély-Ibrahim.

Le duc de Rovigo fut père de cette colonisation officielle, à grand son de trompe, qui faisait installer les colons par l'État. On leur bâtissait des maisons, on leur donnait des avances, des bestiaux, des instruments, etc.; si bien qu'une réaction violente eut lieu immédiatement, et qu'un avis officiel annonça qu'aucun colon ne serait reçu à Alger sans justifier des ressources nécesaires pour vivre pendant un an ; mais on laissait la porte ouverte à l'écume de la population de France.

Administration duc de Rovigo. Colonisation officielle.

Dans un pays nouveau, qui a besoin de liberté, l'administration du duc de Rovigo promulgua plusieurs centaines d'arrêtés dont un grand nombre n'eût heureusement jamais d'application. L'un d'entre eux, notamment, défendait l'exportation des céréales pour toutes les destinations. En 1832, le territoire d'Alger renfermait six lieues carrées défendues par une ligne de blockaus. A Oran, nous possédions à peine une lieue carrée autour de la place ; à Bône, notre domination s'étendait à quelques portées de canon.

Le général Voirol, en 1833, fit exécuter les routes de Blidah et plusieurs autres, de nombreux dessèchements de marais. Des compagnies de faucheurs se rendent dans la plaine ; on permet aux Aribs de cultiver le territoire de la Rassauta ; on procède à la reconnaissance des fermes du Beylik, dans la Mitidja ; on rapporte l'arrêté prohibant l'exportation des céréales ; on fait faire aux propriétaires la déclaration de l'étendue des marais qu'ils possèdent et de leur intention de les dessécher. L'administration du général Voirol dura trop peu. Celle du comte d'Erlon reprit les errements de la réglementation et de la fiscalité ; on établit des droits de toute sorte qui firent tout renchérir. Cependant, la Commission d'enquête s'étant prononcée

Administration du général Voirol.

Administration du général comte d'Erlon.

pour la conservation de la conquête, le gouvernement voulut favoriser la colonisation et on établit les circonscriptions de 14 communes autour d'Alger, chacune avec un maire français et deux adjoints, dont un indigène. Mais la police rurale était confiée aux Arabes du caïd du Sahel, et un arrêté ordonnait le désarmement des colons, à l'époque où les Arabes venaient les égorger dans l'intérieur de nos lignes.

Retour du maréchal Clauzel. Le 10 août 1835, le maréchal Clauzel revint en Algérie ; le choléra sévissait ; mais, néanmoins, les immigrants arrivaient en masse. Or, l'administration ne s'était point préoccupée de leur procurer des terres. Les fermes du Beylik avaient été concédées à de grands propriétaires qui les cultivaient peu ou pas ; un grand seigneur étranger sans fortune s'était trouvé investi de trois mille hectares.

Les terres manquent dès le début de la conquête. Les terres des Arabes avaient été achetées par de grandes compagnies, et on vit, dès cette époque, des colons, après avoir épuisé leurs ressources pendant de longs mois d'attente, obligés de rentrer en France, *faute de terres*.

Grandes concessions. La manie des grandes concessions se soutint sous le maréchal Clauzel ; on concédait même ce que l'on n'avait pas. Exemple : « le 13 mai 1835, à Douéra, 300 hectares de terres domaniales, au cas qu'il en existât sur ce point (1) ». Les grandes compagnies, montées avec des capitaux étrangers et mal gérées, firent toutes de mauvaises affaires et commencèrent à jeter le discrédit sur la colonisation. Le maréchal Clauzel créa Bouffarik et pressentit son avenir.

Il institua la direction du Habous ou biens du culte, qu'à force de recherche, on était parvenu à retrouver dans la province d'Alger.

Il adopta plusieurs autres excellentes mesures.

Notre territoire s'était à peine étendu, et la population

---

(1) Pellissier de Reynaud. *Ann. algér.*, t. II, page 153.

européenne de l'Algérie, qui était de 11,221 individus en 1835, était de 14,561 âmes à la fin de 1836.

L'Etat ne possédait plus de terres.

L'administration le déclara dans un avis officiel !

En 1837, le général Danrémont interdisait toute transaction dans les territoires insoumis, et l'établissement de tout Européen sans la permission du gouvernement, afin d'empêcher la spéculation et l'agiotage sur des immeubles la plupart inconnus.

La population était de 16,770 âmes, à la fin de 1837. On avait planté 80,000 mûriers et 60,000 oliviers étaient greffés. La plaine d'Hussein-Dey s'était transformée en un riche jardin ; 7,744 hectares étaient cultivés ; la population rurale européenne se composait de 2,207 individus. Bouffarick s'élève au milieu du marais. A Oran, 160 hectares seulement sont cultivés ; à Mostaganem, on en compte 400. A Bône, le chiffre en est insignifiant ; voici pourquoi : 14 propriétaires occupent 7,138 hectares sur lesquels ils n'en cultivent que 207! Tandis que 12 petits colons en cultivent 52 sur 84 qu'ils possèdent. La grande propriété sans capitaux était donc une plaie, et cependant l'administration qui le savait, continuait son système de grande concession, compromettait la cause de la colonisation et servait ainsi des armes à ses ennemis.

Etat
de la colonisation
en 1837.

Sous le maréchal Valée, une politique pacifique amène la reconnaissance de notre autorité par plus de cent tribus. L'autorité civile est modifiée, et plusieurs fermes s'élèvent dans la Mitidja ; mais ces établissements isolés causent de nombreux ennuis à l'administration, qui est conduite à reconnaître que la création des villages est bien préférable et on en établit plusieurs dans les Beni-Moussa. De véritables familles de cultivateurs se présentent ; elles épuisent leurs ressources à attendre la lente exécution des formalités administratives. Pour comble d'infortune, le ser-

Administration
du
Maréchal Valée.

vice du cadastre est chargé d'installer les colons ; composé d'agents inexpérimentés, il accepte tout ce qui se présente, et la plupart des colons, sans ressources, meurent de misère et de maladie avant que l'autorité supérieure soit prévenue de leur détresse. 235 familles sont réparties dans la Mitidja. Dans les autres provinces, la colonisation reste stationnaire.

1839.

A la fin de 1839, la population civile se compose de 25,000 âmes. Trois mille individus à peine se livrent à la culture du sol.

Insurrection de 1840.

Après l'expédition des Portes-de-Fer, la tranquillité semblait assurée ; le journal officiel de l'Algérie se louait de ce que « la colonie marchât de ses propres forces, » lorsqu'Abd-el-Kader rompit le traité de la Tafna, et le 10 novembre 1839, jour de la réception de sa lettre, les Hadjoutes donnèrent le signal de l'insurrection et attaquèrent les camps d'Oued-el-Halleug, Bouffarick, Blidah. Les troupes furent consignées dans les camps ; quelques jours après, les fermes de la plaine sont attaquées, incendiées, rasées, les colons massacrés. Les indigènes des tribus, laissés sans protection, passent à l'ennemi. Les camps isolés sont abandonnés ; les troupes se retirent dans les villes. Les maisons et les cultures du Sahel ne sont pas à l'abri des incursions de l'ennemi.

Ainsi commençait cette lutte qui devait durer plusieurs années, détruire une partie des travaux de la colonisation et arrêter tout accroissement dans la population rurale.

Le 17 février 1840, plusieurs commissaires civils sont nommés, mais l'état de siége les place sous la dépendance de l'autorité militaire. A la fin de 1840, les opérations militaires ont balayé l'ennemi de la Mitidja et de la plus grande partie du Sahel. La plupart des fermes sont abandonnées. On installe des colonies européennes à Cherchell, Coléah, Blidah, 700 familles en tout. Dans cette dernière ville, les concessions sont faites à des militaires.

Le 1er novembre 1840, un arrêté rendit générale la mesure de confiscation des biens des émigrés, qui mit entre les mains de l'Etat une grande quantité de terre ; mais très peu de colons, on le comprend, se présentèrent pour en profiter.

En résumé, avant la conquête, l'Algérie présentait le tableau suivant :

La Régence avant la conquête.

Aux environs des villes, il y avait des jardins où les Maures cultivaient les fleurs, les fruits et les légumes ; quelques propriétés d'agrément assez bien plantées, des vergers ; peu de culture. En territoire arabe, les tribus ne cultivaient que la minime partie de leur territoire, ce qui suffisait pour leur consommation et payer l'impôt. Débouché et commerce presque nuls. Le Sahel et la Mitidja presqu'incultes, n'offraient que de rares éclaircies où l'on semait des céréales.

Statistique en 1880

Les exportations étaient en 1822 de 140 à 150,000 fr.

En 1830, on estimait les revenus du dey 2,950,000 fr.

Les importations dans la régence étaient évaluées à 6,500,000 fr. en 1822.

En 1831, les recettes de l'Algérie s'élevaient à 929,709 fr. Elles suivirent une progression croissante, et en 1840 elles s'élevaient à 4,405,317 fr.

Pendant cette période, nous remarquons de fâcheux obstacles à la colonisation.

Incertitude de la part du gouvernement de conserver la conquête, et guerre incessante.

Neuf gouverneurs généraux et autant de systèmes de colonisation. Trois changements de l'organisation administrative. Opposition et mésintelligence entre le gouverneur et le ministère de la guerre.

Défaut de terre dès le début. Aliénation hasardée de grandes étendues à de grands concessionnaires. Installation vicieuse des villages sur des terrains contestés à l'Etat.

Conclusion. , D'où nous concluons :

Que la colonisation s'est développée autant et plus qu'il n'était possible de le prévoir.

Qu'il y a toujours eu plus de colons que de terres à donner ; que la guerre n'a pas arrêté le courant de l'immigration.

Que, s'il est permis de critiquer ou même de juger sévèrement les agents chargés de faire valoir le sol et les capitaux, on doit pourtant constater que l'initiative privée s'est manifestée énergiquement à l'endroit de la colonisation.

XV

Administration du maréchal Bugeaud. Lorsque le général Bugeaud, en 1841, arriva en Algérie, la tranquillité régnait dans la province d'Alger ; les opérations militaires se poursuivaient avec vigueur dans la province d'Oran ; dans celle de Constantine, l'autorité française s'étendait.

Heureuse influence de l'unité des principes. La sécurité et avec elle la confiance renaissaient ; quelques centaines de familles revenaient dans les environs d'Alger après avoir émigré. La population, les capitaux, le travail abondaient. Sous la nouvelle administration, se fait sentir l'heureuse influence de la liberté des communications et des relations de toute nature, de l'unité, de la force et de la durée dans l'administration, de la suite dans les idées émanées d'un plan discuté et arrêté d'avance. — On voulait fixer une population européenne nombreuse ; des études sont faites pour la construction de villages autour des villes du littoral et des principales villes de l'intérieur.

Aux environs d'Alger, la colonisation doit s'étendre sur tout le Sahel et sur la Mitidja que doit occuper une triple ligne parallèle de villages.

Voici, malgré la guerre avec Abd-el-Kader, l'état de la colonisation à la fin de 1844, époque où l'on institua un Directeur-Général des affaires civiles.

Statistique en 1844

Recettes en 1841 . . . .   6.070.233
Id.   1844 . . . .   12.845.155

Créations
de
centres

en 1841   2   centres.
    1842   6   id.
    1843   11   id.
    1844   12   dont 2 villes.

Total 31

Du 1er janvier 1845 à la fin de 1847, avec l'institution des Directeurs-Généraux, sont les recettes suivantes :

1845 . . . .   15.692.250 francs.
1846 . . . .   22.944.774   id.
1847 . . . .   20.348.764   id.

Créations
de centres

1845   8   dont 2 villes.
1846   11   dont 4 villes.

Colonisation.

Total 19

La population qui était de 27,865 âmes, le 31 décembre 1840, s'élevait à 703,863 le 31 décembre 1847. Heureux effet de l'unité de vues dans la direction de la colonie !

En 1841, le gouvernement vota des fonds pour la colonisation afin de donner l'impulsion aux entreprises agricoles suspendues depuis qu'on avait perdu confiance dans le maintien de la paix. 985,500 francs furent affectés à la création de centres, suivant l'arrêté du 10 avril 1841.

L'agence spéciale de 1837, les employés du cadastre, installés par le maréchal Valée, furent remplacés, en 1842, par un bureau de colonisation auquel on adjoignit une section de géomètres. Le comte Guyot va sur les lieux reconnaître l'emplacement des villages et établit le plan de colonisation qui a servi de base à toutes les administrations qui ont succédé.

Les sommes employées à la colonisation s'élèvent de 1842 à 1847 à 4,500,000 francs.

La colonisation particulière est pratiquée partout où cela est possible.

Ordonnances du 21 juillet 1845 et 5 juin 1847, réglant le mode d'aliénation des terres et le droit accordé à certains fonctionnaires de concéder des quantités déterminées : création de médecins et inspecteurs de colonisation.

En 1843, installation de l'administration des tabacs qui promet un rendement *net* de 1.600 fr. par hectare. Continuation des essais de culture de coton. C'est la période des encouragements de l'administration qui veut faire de l'Algérie une colonie tropicale.

Etat
de la colonisation
en 1846.
A la fin de 1846, on a créé 19 villes, 45 villages, 26 hameaux, 1257 exploitations isolées. On cultive 8632 hectares en céréales, 1,040 en culture maraîchère, 2,000 en jardins, 700 hectares sont plantés en mûriers, 582 hectares d'oliviers sont greffés, 15,000 hectares de prairies aménagées, 86, en prairies artificielles. 86 en tabac, 4 en coton, 6 hect. 50 en sésame, 1,800 hectares de bois aménagés et clos.

La population agricole ne comprenait dans les trois provinces que 17,000 individus.

Années	IMPORTATIONS COMPARÉES		EXPORTATIONS COMPARÉES
	1834	6.504.000	1.479.600
	1840	57.334.737	2.247.127
	1847	96.481.524	9.863.348

Le Maréchal Bugeaud, méconnaissant en économie politique, la grande loi de l'offre et de la demande, avait cette étrange idée que la main-d'œuvre était au plus bas prix possible quand la vie, le pain et le blé, par conséquent, étaient à bon marché. Aussi, fit-il toujours empêcher l'exportation des céréales.

En 1845, on importait pour dix millions de céréales en farines. On jugeait les blés durs d'Afrique impropres à la panification ; leur réputation [ne fut pas modifiée avant 1853.

Sous l'administration du maréchal Bugeaud, eurent lieu des essais de cultures par des militaires, autour des villes désertes, avec les fonds des corps ; à la fin de 1846, 14 fermes existaient dont quelques-unes, à Dellys, Cherchell et El-Arouch, ne comprenaient pas moins de 150 hectares en culture. **Colonies militaires.**

En 1844, paraît une ordonnance qui régularise toutes les ventes antérieures, prohibe les transactions en dehors des limites des territoires européens, établit le principe du rachat des rentes constituées, règle les formes de l'expropriation pour utilité publique et, dans l'espoir d'arriver plus vite au peuplement et à la mise en valeur du territoire, frappe d'un impôt spécial de 10 francs par hectare les terres laissées incultes, qu'elle soumet même à l'expropriation ; elle déclare les marais vacants. **Ordonnances de 1844 et 1846 sur la propriété.**

Des difficultés de toute sorte s'élèvent dans l'exécution d'une partie de ces dispositions, et l'ordonnance de 1846 vient modifier et compléter celle de 1844. Elle ordonne le dépôt des titres dans les trois mois et la délimitation par l'administration de toutes les propriétés situées dans le périmètre de colonisation. Les tribunaux administratifs sont chargés exceptionnellement de la vérification des titres. On attribue la propriété du sol dans la proportion de 20 hectares par famille à tous les colons qui ont sans titres bâti une maison et cultivé pareille étendue de terre.

Loi de 1851
sur la propriété.

La loi de 1851, rentrant dans le droit commun, déclare
la propriété inviolable, mais maintient l'interdiction des
transactions en territoire militaire.

En 1846, spéculation déraisonnable sur les terrains de
la ville d'Alger. Cette fièvre d'achat date de l'annonce de
l'agrandissement de l'enceinte.

Les colons
ont été exploités
par les Arabes.

On a accusé les immigrants d'exploiter les Arabes, c'est
le terme dont on s'est servi. Voici pour leur justification
un fragment d'un rapport au roi du ministre de la guerre,
M. de Saint-Yon, en 1846 :

« Malheureusement, l'état anarchique où se trouve la
« propriété rurale paralyse le bon vouloir des colons.

« De nombreuses acquisitions ont été faites vers les dé-
« buts de la conquête. Elles ont généralement eu lieu au
« hasard, sur la foi suspecte des Arabes vendeurs, en
« vertu de titres insuffisants ou d'actes de notoriété faits
« pour le besoin de chaque affaire, sans que les acquéreurs
« vissent, pussent même voir les lieux. Cette incurie a
« porté ses fruits. — Quelquefois les terres vendues *n'exis-*
« *taient même pas.* Toujours les contenances ont été fabu-
« leusement exagérées. Trop souvent les mêmes immeubles
« ont été vendus plusieurs fois à divers. »

Qui donc a été l'*exploiteur*, de l'Arabe ou du colon ?

XVI

De 1848 à 1852.

Troisième période. — Le maréchal Bugeaud quittait
l'Algérie en 1847, harassé par sa lutte contre les bureaux
du ministère de la guerre. Il fut remplacé par le duc d'Aumale qui ne resta que cinq mois. La révolution de février

amena une série de gouverneurs généraux inusitée; six gouverneurs se succèdent en sept mois (de mars en septembre 1848). La colonie s'agite sans progrès. La conquête s'arrête; on ne frappe quelque coups de temps en temps, comme à Zaatcha et en Kabylie, que pour conserver le prestige de nos armes. La colonisation fait quelques progrès, grâce aux 50 millions votés par l'assemblée constituante pour établir des colonies agricoles. Sur 10,450 colons, 1858 seulement étaient cultivateurs de profession. Les autres étaient pour la plupart ouvriers en objets de luxe. L'Etat leur donne 3,071 concessions, leur construit 3,732 maisons, leur donne 3,839 bœufs de travail, 1,251 têtes de bétail divers, 26,704 hectares de terre, en partie de mauvaise qualité, 15,133 hectares sont défrichés et 380,644 arbres plantés. Ces colonies parisiennes sont réparties entre 42 centres dont 12 dans la province d'Alger, 21 dans celle d'Oran, 9 dans celle de Constantine.

Colonies parisiennes

De 1830 à 1851, l'Etat n'avait pu donner que 13,756 concessions pour les trois provinces, en tout 103,654 hectares seulement.

Statistique en 1851.

Malgré le choléra qui a sévi en 1850-51, la population européenne de la colonie comprenait 132,982 individus, ainsi divisés :

Population urbaine		85,678
— agricole		33,810
— rurale non agricole		13,494

En 1851, la population agricole avait cultivé 43,146 hectares en céréales diverses dont le rendement était, sans engrais, pour les blés, de plus de 12 hectolitres à l'hectare ; l'orge, 17 ; l'avoine, 22. Les indigènes n'obtenaient que 4 à 5 hectolitres à l'hectare ; souvent même ils ne recueillaient qu'à peine la semence et obtenaient des dégrèvements d'impôts.

Les colons avaient 447 hectares de tabac payé par la régie à 87 fr. 38 les 100 kilos (prix moyen).

La population agricole avait en 1851, non compris les colonies parisiennes, 2,166 maisons estimées 27,561,825 fr., 3,031 chevaux, 1,872 mulets, 7,894 bœufs, 6,806 vaches, 16,693 moutons, 268 hectares de vignes, 1,104 hectares en pommes de terre.

Les colons avaient, à cette époque, planté près de deux millions d'arbres sortis des pépinières de l'État dans l'espace de dix ans. La pépinière d'Alger en avait fourni 1,212,969 ; Médéah, de 1887 à 52, 38,014 ; Milianah, 71,299 ; Orléansville, 35,000.

Dans la province d'Oran, 207,085 ; les pépinières de la province de Constantine, 240,361. Les pépinières particulières ont fourni le reste.

Loi de douane de 1851. En 1851, de sages principes d'économie politique régnaient dans les sphères gouvernementales, et le 11 janvier de cette année parut une loi qu'on put appeler loi de salut. Elle consacra entre la France et l'Algérie une assimilation commerciale qui fut complétée plus tard. Elle ouvrait la métropole aux produits algériens ; son effet se fit immédiatement sentir. Les exportations qui n'étaient que de 10,262,383 fr. en 1850, s'élevèrent à 19,792,791 fr. en 1851. Les importations diminuèrent d'autant. Néanmoins, cette même année on importait en Algérie, pays essentiellement producteur de céréales, 372,551 hectolitres de blé, la plupart de l'étranger, et 159,468 quintaux de farine, moitié de France, moitié de l'étranger ; le tout estimé 9,733,369 francs !

Le commerce général de l'Algérie était, en 1751, de 86,743,373 francs.

XVII

Quatrième période : de 1851 à 1858. Administration du maréchal Randon.

C'est de la promulgation de la loi de 1857 que date véritablement l'ère de la colonisation. Les principales productions sont, près des ports, à des prix peu différents de ceux de France. La culture des céréales devient fructueuse pour les Européens, qui agrandissent leur champ d'action et recueillent de l'aisance. Le tabac donne de beaux bénéfices, dus à des encouragements prodigués sans intelligence par la Régie aux colons qu'une cruelle désillusion attend plus tard. Le nombre des émigrants va croissant de 44 p. 0/0 en 6 ans ; il est de 189,000 en 1857. Le territoire civil est étendu, 170,000 Européens vivent sous une administration départementale et municipale analogue à celle de France ; 19,000 sont en territoire militaire.

Les travaux publics de toute sorte, civils ou militaires, maritimes ou agricoles, sont poussés avec activité. La sécurité est absolue de l'Est à l'Ouest, de la mer au désert ; le Sahara est soumis, la Kabylie est domptée. Le nombre des centres de population est de 182. — 264,211 hectares, dont 140,000 en territoire militaire, sont concédés ou vendus à 15,107 familles, 7,390 concessions sont faites en terrains urbains ; l'importance de l'élément rural dans la population a triplé, il est de 80,821 âmes.

On fait de louables efforts pour amener les Arabes au progrès agricole ; le gouvernement général prépare les relations avec le Soudan en se conciliant les Touaregs. La salubrité augmente, les décès qui étaient en 1853 de 4,60 pour cent ne sont plus que de 2,92 en 1856.

Les recettes du trésor ont doublé. L'exportation double aussi à peu près. Elle s'élève à 35,834,35 francs, sur lesquels 13,000,000 seulement sont produits par les indigènes.

Le commerce général de l'Algérie s'élève en 1857 à 145,784,010 francs, il a augmenté en sept ans de 115 pour cent.

En 1850, les exportations étaient aux importations dans le rapport de 1 à 13; en 1857 elles sont déjà de 1 à 3 2/3, ce qui indique une situation économique meilleure; le numéraire reste davantage dans la colonie. Ces nombreux échanges ont nécessité en 1857 l'emploi à l'entrée et à la sortie de 5,499 navires jaugeant 770,668 tonneaux, ce qui équivaut à plus du neuvième de tous les transports de la marine française; le cabotage entre les ports de l'Algérie est de 310,245 tonnes.

Depuis la conquête on a défriché 94,355 hectares et planté 3,516,476 arbres.

Les maisons rurales sont au nombre de 23,386, valant 47,202,362 francs.

Voilà les heureux effets d'une administration stable et persévérante, malgré les excès de réglementation et de bureaucratie qui ont entravé la marche de la colonisation.

XVIII

En 1858, on organisa le ministère de l'Algérie dont fut chargé le prince Napoléon. Il prit plusieurs mesures dont quelques-unes sont restées, comme la création des Con-

seils-Généraux ; une autre mesure prématurée, la liberté
des transactions en territoire militaire, avant la reconnaissance de la propriété, fut retirée par son successeur, M. de
Chasseloup-Laubat.

Les inévitables lenteurs d'une administration qui sié- M. de Chasseloup-Laubat.
geait à Paris, imprimèrent un ralentissement à l'essor de
la colonisation. Le chemin de fer de Blidah, dont les ter-
rassements avaient été exécutés d'urgence en 1858, ne
fut inauguré qu'en 1862 ; il fallut laisser passer deux ses-
sions du Corps législatif avant de voir sanctionnée la loi
qui en autorisait la concession. Les tronçons de Constantine et d'Oran ne sont même pas commencés à l'heure
présente. En 1860, un décret constitua le gouvernement Gouvernement gé-néral du maréchal Pelissier.
actuel à Alger et le confia au duc de Malakoff.

Une grave mesure prise par la Régie des tabacs porte
une atteinte profonde à la richesse de la colonie ; elle baisse
ses prix pendant deux ans, 1859-1860. Beaucoup de petits
cultivateurs, de métayers sont ruinés ; les grands propriétaires sont tous dans la gêne. Deux années calamiteuses
pour les céréales, 1861 et 1862, empêchent les colons de
se relever. Il faut les voir à l'œuvre pour avoir une idée de
leur courage et de leur foi dans l'avenir, car les cultures
s'étendent au lieu de se resserrer.

Pendant cette dernière période, l'administration créa
30 villages en trois ans et demi. Les territoires de colonisation manquaient dans le voisinage des ports, où les terres domaniales étaient toutes concédées. Le territoire civil
est agrandi ; mais on crée des villages dans l'intérieur avec
moins de chance de réussite que sur le littoral ; aussi l'administration sollicite-t-elle l'extension du réseau des chemins de fer.

Elle délivre, en 1859, 60, 61, 4,653 concessions conte- Statistique en 1862.
nant 88,446 hectares. Le terrain lui manque pour donner
satisfaction aux neuf ou dix mille demandes qui sont dans

ses bureaux. Elle fait mettre à l'étude le projet de cantonnement qui, en accordant la propriété individuelle aux
indigènes, laissait entre les mains de l'État une partie des
terres qu'ils ne cultivent pas. Elle met à l'étude la substi-
tution de l'impôt foncier aux impôts arabes, projet qui est
accueilli favorablement de tout le monde. Il y a, en 1862,
183 communes constituées, sans compter les localités en
territoire militaire qui n'ont ni maire, ni Conseil municipal.

La population augmente, malgré ces contre-temps défa-
vorables. L'état sanitaire est au moins aussi bon qu'en
France (1). La population européenne est de 205,888 âmes
au 31 décembre 1861. Elle doit être aujourd'hui de 215
mille âmes.

Les Français sont en majorité.

Le territoire occupé ou cultivé par la colonisation européenne, est de près de 500,000 hectares. Les terres qui
ont été revendues aux Arabes ou cultivées par eux, ap-
partiennent à de grands concessionnaires de la province
de Constantine, établis prématurément dans l'intérieur.
Dans les villages du littoral, les colons n'ont jamais vendu
leurs terres aux Arabes. Leurs produits sont triples de
ceux des indigènes qui ne récoltent que 4 à 5 hectolitres
de blé ou orge par hectare. Les Européens ont une
moyenne de 12 à 13 hectolitres de blé, et cela sans engrais,
avec des assolements vicieux qui se modifient d'une manière heureuse tous les jours. Certaines localités, comme
Oued-el-Halleg, Bouffarik, l'Arba, Marengo, récoltent 25
à 30 hectolitres de blé par hectare. On compte ces terres
par milliers d'hectares ; elles étaient jadis marécageuses.
Les cultures totales, en 1851, s'élevaient à 2,040,260 hectares. Les Européens en cultivaient 380,000 ; la part des

---

(1) *Exposé de la Situation de l'Empire*, 1863. — La mortalité est proportion-
nellement moindre en Algérie qu'à Paris.

indigènes est de 1,660,000 hectares en culture seulement sur 14 millions.

Les exportations pour France de fruits et légumes verts passent de 494,000 fr. en 1859 à 1,768,292 en 1861, sans compter les consommations locales. Hussein-Dey, qui, en 1833, produisait 6 mille quintaux de foin valant 36,000 fr., produit, en 1862, pour 1,500,000 fr. de légumes. Tout cela est dû uniquement au labeur des Européens.

En 1861, 5,564 hectares de vignes sont plantés. La va-leur des immeubles bâtis tant urbains que ruraux s'élève à *deux milliards*, les capitaux enfouis dans le sol par la colonisation montent au chiffre de 300 *millions*, sans compter les bestiaux et le matériel qu'on peut estimer 40 *millions*. Nous laissons de côté les valeurs mobilières entassées dans les villes. Le capital possédé par les Arabes, en estimant la terre cultivée et les pâturages à 100 fr. l'hectare, ce qui est beaucoup, 4 millions d'hectares, ne donneraient que 400 millions. Leurs bestiaux, qu'on peut estimer à 2 ou 3 millions de grosses têtes ou leur équiva-lent, ne valent pas plus de 300 millions. Leurs maisons comptent pour mémoire. Que l'on force les chiffres, si l'on veut, on n'arrivera jamais à *un milliard* de capital !

Capital des immigrants. Capital des indigènes.

Le commerce général s'élève, en 1860, à 263 millions de transactions, dont 237 avec la France ; aujourd'hui il doit avoir dépassé 300 millions. L'Algérie occupe le sixième rang d'importance dans le commerce général de la France.

A côté d'elle, la Tunisie, avec un million et demi d'ha-bitants, fait 12 à 15 millions d'affaires ; le Maroc, avec ses 6 à 7 millions d'habitants, en fait pour 30 à 40 millions seulement. Les résultats de l'Algérie, peuplée au plus de 3 millions d'habitants, sont dus uniquement à la présence des 215,000 Européens, les Arabes ne consommant guère plus aujourd'hui qu'avant la conquête, et ayant gardé l'habitude d'enfouir leur or, au lieu de le faire valoir.

Les revenus de l'Algérie affectés à l'État, depuis la séparation du budget provincial et municipal, étaient, en 1860, de 19,924,596 fr., sur lesquels l'enregistrement, le timbre, le domaine, les contributions directes, indirectes, postes, télégraphes et douanes, montent à 14 millions environ, payés presque entièrement par les Européens et les habitants indigènes des villes.

L'Européen paie 8 ou 9 fois plus d'impôts que l'Arabe.

On a souvent répété que l'Algérie ne vivait que de l'impôt arabe, et que les Européens ne contribuaient pas aux dépenses publiques. C'est une assertion fausse. L'impôt arabe payé par les indigènes produit, en totalité, 14,290,776 fr., soit pour 2,500,000 individus, 5 fr. 72 par tête.

La masse des autres impôts et l'octroi de mer s'élèvent à 14,531,903 fr., total supérieur à l'impôt arabe. Ces taxes sont payées par les Européens et les Arabes des villes (1) ; en les supposant au nombre de 500,000, ils paieraient 29 fr. par tête, on peut bien dire par Européen 40 fr. Les Arabes des tribus ne prennent qu'une part très-faible à ces impôts, à peine le dixième des droits de douane. Ils paieraient environ 6 à 7 fr. Les Européens, qui paient déjà 40 fr. à l'État, paient encore les taxes municipales, c'est-à-dire 50 à 60 fr. par tête qu'il faut compter ; la ville d'Alger, par exemple, recevant 20 fr. par tête pour les taxes municipales. Et cependant, les Européens ne paient pas encore l'impôt foncier.

Comparaison des progrès de l'Algérie avec les colonies anglaises. — Amérique. — Canada.

L'impatience française nous reproche de n'être que 245,000 Européens en trente-deux ans ; mais que l'on veuille bien se reporter aux débuts des colonies les plus florissantes, qui n'ont pas eu des mines d'or pour attirer l'émigration. L'Angleterre a mis soixante ans à conduire la plus prospère de ses colonies au point où nous en

(1) Conseil supérieur 1861.

sommes. Le Canada, au bout de cent ans, ne put fournir que 10,000 hommes en état de porter les armes ; nos braves Canadiens, laissés sans agriculture ni commerce, ne purent se défendre et la colonie fut perdue.

Que le Gouvernement veuille bien y prendre garde. Qu'il se persuade que des résultats si satisfaisants ne doivent pas être abandonnés, que la colonisation ne doit pas être entravée en face d'un peuple ennemi. Pour la faire progresser, que faut-il ? des terres et des chemins de fer !

XIX

Nous allons essayer de répondre aux questions posées sur l'Algérie par S. Exc. M. le général Daumas, dans son discours au Sénat.

L'intérêt de la France comme celui de l'Algérie est de donner à celle-ci une Constitution le plus tôt possible.

Il faut, dans le Gouvernement de l'Algérie, unité de vues et de direction qui lui soit communiquée par la Constitution.

L'intérêt de la France est de rendre l'Algérie française de cœur et de race pour doubler son influence politique. L'Algérie est une colonie politique plutôt que commerciale ; le lien politique avec la France doit être puissant.

Nous demandons un Gouverneur-Général ayant rang de ministre, correspondant directement avec l'Empereur.

Nous demandons une représentation au Corps Législatif ; nous devons être admis à discuter et à voter les lois d'intérêt général, qui obligent tous les Français, sur toute terre française.

Nous demandons des défenseurs au Sénat et au Conseil d'État pris dans les rangs de la colonie.

Pour arriver à créer plus vite des richesses, il est nécessaire que nous ayons une décentralisation administrative complète. Pour des gens qui travaillent, le temps est tout.

Pour cela, à côté du Gouverneur, nous désirons une représentation coloniale élue et un budget spécial. Les besoins de la colonie sont mieux appréciés sur place. Les impôts seraient votés, répartis par nos mandataires. Ils en surveilleraient l'emploi. Ils feraient des lois locales, soumises, s'il est nécessaire, à la sanction du Sénat ; les règlements spéciaux d'administration publique, les emprunts pour travaux publics.

Nous demandons l'élection pour les Conseils Municipaux, pour les Conseils Généraux. C'est un appui pour les mandataires, un honneur, une récompense ambitionnée du dévouement à la cité ou à l'agriculture.

Les communes ont besoin d'une liberté d'action plus grande que dans la métropole, en raison de leurs besoins nombreux, des obstacles plus considérables qu'oppose la nature à l'action de l'homme, de l'utilité ou même de l'indispensabilité de leurs travaux d'améliorations.

Ici la liberté n'est pas à redouter ; elle ne peut être que féconde.

L'Algérie a besoin d'une assimilation complète de sa magistrature à celle de France. Elle doit arriver à la suppression de la Magistrature musulmane, de la Législation musulmane, à la Naturalisation des Arabes.

Le devoir de la France étant la rédemption du peuple vaincu, elle doit lui procurer la dignité par l'indépendance. Elle doit *dissoudre la tribu*, détruire l'aristocratie arabe; affranchir les masses par la constitution de la propriété INDIVIDUELLE au prorata des ressources matérielles de chaque famille, par la création de la commune arabe.

La propriété *collective* est un *danger* pour la France, n'est pas un progrès pour les indigènes. C'est la stérilité. C'est la consécration de la féodalité, l'enrichissement des chefs qui nous méprisent et nous haïssent; c'est, comme aujourd'hui, l'oppression, la misère et le fanatisme des masses qui attendent de nous plus de justice et réclament leur affranchissement par la propriété individuelle pour laquelle elles sont mures.

Le peuple arabe peut fournir plus tard, après une réforme morale opérée par la constitution de la propriété individuelle et le contact civilisateur des Européens, un contingent militaire donné par la conscription, sur les mêmes bases qu'en France. Les soldats pourraient être employés de préférence dans les garnisons de France ou des colonies.

Mais un autre devoir non moins impérieux de la France vis-à-vis d'elle-même, est de consolider sa conquête, par respect pour les ossements de cinq cent mille de nos frères, parsemés sur le sol de l'Algérie, pour prévenir toute tentative de révolte et une nouvelle effusion de sang !

Elle n'obtiendra ce résultat, nos plus vaillants capitaines l'ont tous affirmé d'une voix unanime, que par l'implantation d'une population européenne nombreuse et forte.

Elle se doit à elle-même de rendre l'Algérie prospère, Française de cœur, de génie, de race, pour accroître sa puissance et dominer dans cette partie du monde.

Elle n'attirera des populations françaises ou européennes qu'en leur offrant des terres à bas prix et surtout sans formalités longues.

Elle doit favoriser sa création d'un réseau de colonisation indiqué par le tracé de la voie ferrée qui occupe elle-même les directions des lignes stratégiques.

Elle doit donc exécuter le chemin de fer le plus tôt possible, d'urgence, l'Etat y ayant intérêt tout le premier. Elle doit coloniser au fur et à mesure de l'exécution de la ligne, dans un certain rayon. C'est à l'Etat à y désigner des villages. La France doit déclarer la liberté des transactions immobilières sur toute la surface du territoire pour préparer la colonisation libre, la fusion des intérêts, la civilisation des indigènes par le contact des Européens.

Elle doit rendre la naturalisation désirable. Il est de son intérêt de rendre la naturalisation facile aux étrangers.

L'Etat doit se borner, pour encourager la colonisation, à faciliter les débouchés des produits, à exécuter les travaux publics ; organiser le crédit, se charger de l'instruction. Il doit supprimer le droit de tonnage pour augmenter nos relations commerciales, nous donner le libre échange.

Les terrains domaniaux actuels étant insuffisants et mal groupés, l'Etat doit se réserver sur les terrains *arch* dont les tribus n'ont que la jouissance, des espaces suffisants pour la colonisation, sans froisser le peuple arabe qui n'utilise que 4 millions d'hectares sur 14.

Ce moyen se trouve dans le cantonnement des tribus.

Ne pas cantonner les tribus, c'est parquer les Européens, c'est fixer la barbarie, enrayer la civilisation chrétienne.

S'il restait au gouvernement quelque doute sur son droit de cantonner les tribus ; s'il tient à s'éclairer parfaitement sur leurs prétendus droits de jouissance, sur ce qu'ils étaient en 1830, tels qu'ils ont été reconnus par la Restauration, il n'y a qu'un moyen efficace de le savoir. Nous avons deux Etats voisins qui ont conservé l'organisation musulmane, telle qu'elle existait dans la Régence d'Alger avant la conquête. C'est la Tunisie et le Maroc. Qu'on les consulte !

Nous ne doutons pas que les adversaires du cantonne-

ment ne soient d'aussi bonne foi que nous le sommes
nous-mêmes. Si l'on découvre dans ces États que la jouissance des tribus équivaut à une possession, nous serons
les premiers à le reconnaître. Cependant, nous ferons observer que la propriété étant dans ce cas frappée de main-
morte, le gouvernement français aurait le droit de la
rendre transmissible, c'est-à-dire d'en tripler ou quadru-
pler la valeur par une simple loi ; que la création de
villages étant d'utilité publique, il aurait le droit d'expro-
prier des terres pour cet objet, sauf la question d'indemnité qui pourrait être réglée par la constitution individuelle
de la propriété.

Mais si à Tunis et au Maroc les tribus n'ont pas de
droits de jouissance, si les beys ou les empereurs peuvent
les déplacer tous les ans, les resserrer, les bannir même,
sans indemnité, que nos contradicteurs le reconnaissent à
leur tour.

Eh bien ! pour s'éclairer, que le gouvernement choisisse
une commission indépendante de tout ce qui tient à l'Algérie, qui ne soit prise ni parmi les indigènes, ni parmi
les colons, ni dans l'administration, ni dans l'armée; parmi
des gens qui n'aient pas d'intérêt en Algérie, qui n'y soient
jamais venus, qui n'aient pas d'opinion faite sur elle, qui
ne puissent pas être influencés : une commission prise, par
exemple, dans un des grands corps de l'Etat, au Conseil
d'Etat. Qu'elle se rende directement à Tunis et au Maroc,
qu'elle emmène même de Paris des interprètes qui ne connaissent pas l'Algérie, et nous nous soumettons avec calme
à sa décision.

Alger. — Typ. Ed. BALME & Cᵉ.

www.ingramcontent.com/pod-product-compliance
Lightning Source LLC
Chambersburg PA
CBHW070917280326
41934CB00008B/1756